教育让我们
成为"人"

瑞典隆德大学校长卡尔·沙利叶谈教育

〔瑞典〕卡尔·沙利叶 —— 著

宋孚红 —— 译

辽宁人民出版社

图书在版编目（CIP）数据

教育让我们成为"人"：瑞典隆德大学校长卡尔·
沙利叶谈教育 /（瑞典）卡尔·沙利叶著；宋孚红译. —沈
阳：辽宁人民出版社，2023.5
（外国名家谈教育）
ISBN 978-7-205-10719-2

Ⅰ.①教… Ⅱ.①卡… ②宋… Ⅲ.①教育思想—研
究—瑞典—现代 Ⅳ.①G40-095.32

中国国家版本馆 CIP 数据核字（2023）第 026099 号

策划人：孔宁

出版发行：辽宁人民出版社
　　　　　地址：沈阳市和平区十一纬路 25 号　邮编：110003
　　　　　电话：024-23284321（邮　购）　024-23284324（发行部）
　　　　　传真：024-23284191（发行部）　024-23284304（办公室）
　　　　　http://www.lnpph.com.cn
印　　刷：辽宁新华印务有限公司
幅面尺寸：145mm×210mm
印　　张：6
插　　页：8
字　　数：150 千字
出版时间：2023 年 5 月第 1 版
印刷时间：2023 年 5 月第 1 次印刷
责任编辑：阎伟萍　孙　雯
装帧设计：留白文化
责任校对：吴艳杰
书　　号：ISBN 978-7-205-10719-2
定　　价：48.00 元

导　言

　　卡尔·沙利叶，原名卡尔·威廉·路德维希·沙利叶（Carl Vilhelm Ludwig Charlier，1862—1934），瑞典天文学家、教育家。1862年4月1日，沙利叶出生在厄斯特松德[①]，1887年在乌普萨拉大学[②]取得博士学位，先后在

◎卡尔·沙利叶肖像

[①] 厄斯特松德（瑞典语：Östersund），位于瑞典西部耶姆特兰地区的一个城市。厄斯特松德也是耶姆特兰省的省府所在地。位于斯图尔湖东岸。与中国的吉林市互为友好城市。

[②] 乌普萨拉大学（瑞典语：Uppsala universitet），一所世界著名的瑞典国立综合性大学，位于斯德哥尔摩西北78公里的乌普萨拉。它创建于1477年，是北欧地区的第一所大学，长年跻身世界百强大学之列，北欧及全球范围最好的大学之一，享有"北欧剑桥"等美誉，在欧洲亦被广泛视为最享有盛誉的学府之一。作为瑞典最负盛名的综合大学和北欧历史最悠久的大学，许多著名科学家曾在此求学或任教，是诺贝尔、林奈等人的母校。

该大学和斯德哥尔摩天文台工作过,任天文学教授。1897年起担任瑞典隆德大学天文台台长、天文学教授和隆德大学副校长。

他曾对银河系中的恒星及其位置和运动进行了广泛的统计研究,并尝试在此基础上开发一种星系模型。他还提出了兆天文单位(100万倍地日间距离,地球到天狼星距离的2倍,约15.813光年)来计算恒星距离。

沙利叶对纯统计学也有着浓厚的兴趣,并为瑞典统计学的发展起到了重要作用,他在大学、政府和企业工作的数名学生

◎隆德大学校园广场

都成为统计学家。

他的研究与银河系结构有关。他还根据约翰·海因里希·朗伯[1]的研究发展出一种宇宙理论，由此产生朗伯—沙利叶等级宇宙论：越大的空间区域所包含的物质密度相应越低。该原则的引进避免了出现观察不一致的奥伯斯佯谬[2]。

1924 年获美国国家科学院[3]颁发的詹姆斯·克雷格·沃森

---

[1] 约翰·海因里希·朗伯（Johann Heinrich Lambert，1728—1777），瑞士数学家、物理学家、天文学家和哲学家。朗伯 12 岁就离开学校，但在从事多份工作之余，他仍会利用时间读书进修。他做过当裁缝父亲的助手，也做过铁匠铺的记账员、报社的秘书和私人教师。在当私人教师时，他常借助东家偌大的图书馆来求取学问。

[2] 奥伯斯佯谬（Olbers' Paradox），又称奥伯斯吊诡、黑夜佯谬或光度佯谬，是由德国天文学家奥伯斯于 1823 年提出，于 1826 年修订的，指若宇宙是稳恒态而且无限的，则晚上应该是光明而不是黑暗的。在此之前，类似的想法已由开普勒于 1610 年提出，后来于 18 世纪爱德蒙·哈雷及契苏（Jean—Philippe de Cheseaux）等天文学家的研究中逐渐成熟。漆黑一片的夜空印证了宇宙并非稳恒态的，是大爆炸理论的证据之一。

[3] 美国国家科学院（United States National Academy of Sciences，NAS），由美国著名科学家组成的组织，其成员在任期内无偿地作为"全国科学、工程和医药的顾问"。美国国家科学院是在 1863 年 3 月 3 日由林肯总统签署法案创立的。

奖①；1933 年被太平洋天文学会② 授予布鲁斯奖③。

　　在职业生涯的后期，他将艾萨克·牛顿④ 的《自然哲学的数学原理》一书译成瑞典文。1934 年 11 月 5 日，在隆德去世，享年 72 岁。以他的名字命名的有：月球上的沙利叶环形山①、火星上的撞击坑、小行星 8677 沙利叶、沙利叶多项式。

　　沙利叶的教育理念专注于培养学生的专业学习能力和今

---

① 詹姆斯·克雷格·沃森奖（James Craig Watson Medal），是以加拿大—美国天文学家詹姆斯·克雷格·沃森的遗赠成立的奖项，由美国国家科学院颁发给对天文学有重大贡献的天文学家。

② 太平洋天文学会（Astronomical Society of the Pacific，ASP），成立于 1889 年，是具备法定身份的非营利性组织，总部在旧金山。是世界上最大的天文学会，成员遍布 70 多个国家。

③ 布鲁斯奖（Bruce Medal），是太平洋天文学会颁发的最高奖项。每年颁发给一位在天文学领域做出重要贡献的科学家，始于 1898 年。该奖项以美国天文学资助人凯瑟琳·洛夫·布鲁斯命名。被认为是天文学界最重要的奖项之一。

④ 艾萨克·牛顿（Sir Isaac Newton，1643—1727），英格兰物理学家、数学家、天文学家、自然哲学家和炼金术士。1687 年发表《自然哲学的数学原理》，阐述了万有引力和三大运动定律，奠定世界物理和天文学的基础，成为现代工程学的基础。他通过论证开普勒行星运动定律与他的引力理论间的一致性，展示了地面物体与天体的运动都遵循着相同的自然定律；为太阳中心学说提供了强而有力的理论支持，是科学革命的一个代表。

① 沙利叶环形山（Charlier），位于月球背面北半部的一座古老大撞击坑，约形成于 39.2 亿—38.5 亿年前的酒海纪，其名称取自瑞典天文学家卡尔·威廉·路德维希·沙利叶，1970 年被国际天文学联合会正式批准接受。

◎ 隆德大学最早的学院，现为该校哲学系——国王学堂，1584 年建，位于隆德大学校园内

◎ 隆德大学校园

后步入社会的职业精神，更从青年人生理特点、良好行为习惯养成、礼仪教育和自我觉醒意识培养等方面提出了自己的独到见解。

◎隆德大学天文台

沙利叶任职的隆德大学（瑞典语：Lunds universitet）建于 1666 年，是欧洲最古老的大学之一，为斯堪的纳维亚半岛最大的高等教育与学术研究机构，名列世界第六十大、欧洲前二十大学府。隆德大学的建立可以溯至 1425 年，是方济各会在隆德大教堂比邻设立的中世纪大学（Studium Generale）。瑞典于 1658 年通过与丹麦的和平协议取得斯堪尼省之后建立了现今的隆德大学。

隆德大学有 10 个学院，包含设在马尔默和赫尔辛堡的分校区，以及航空学院。2013 年统计共有学生 47700 人，其中约 6400 人为国际学生，分别在 50 个专业的 800 个课程学习。隆德大学是欧洲研究型大学联盟成员，也是全球U21[①]联盟成员。

---

① U21（Universitas 21），一个由全球 21 所优秀的研究型大学所组成的大学联盟。这一联盟团体没有中文译名，仅以 Universitas 21 称呼之。这个联盟的宗旨是促进这些学校的教学、科学研究和学术水平，加强成员大学的世界交际能力，并且在成员之间建立国际性的共同标准和共识。Universitias 21 创立于 1997 年，至今成员分布于 12 个不同的国家及地区，由 21 所大学共同组成。最新加入的大学是印度德里大学，该校于 2007 年正式加入。这 21 所成员大学约有 50 万名在校学生，4 万名研究人员，并有约 200 万名毕业校友。中国的复旦大学、上海交通大学和香港大学也在其中。

　　2016 年 6 月，隆德大学与瑞典科学委员会已在隆德共同完成同步辐射实验室四期（MAX Ⅳ）的建设，用于研究粒子加速物理。此外，一所正在建设中的跨领域科研机构——欧洲散裂中子源，也预计在 2025 年全面完工。

　　隆德大学自建校以来一直以隆德大教堂附近的隆德公园为中心，另有一些学院系所散布在隆德市的不同地点，其中大部分集中在一个带状地带，这个带状地带从公园向北，穿过大学医院并继续向北，一直到市的东北外围地区，在最外围的就是工程学院的大校园，该院在瑞典又称为隆德工学院。

　　隆德大学先进、开放的教育理念培养出很多基础人才，如菲尔兹奖、沃尔夫奖获得者数学家拉尔斯·霍尔曼德尔，诺贝尔物理学奖获得者物理学家曼内·西格巴恩，诺贝尔经济学奖获得者经济学家贝蒂尔·奥林，诺贝尔生理学或医学奖获得者医药学家苏恩·伯格斯特龙，斯德哥尔摩学派的创始人、经济学家克努特·维克塞尔，诗人、评论家及哲学家托马斯·图里尔德，《长船》作者本特松，在位时间最长的瑞典首相政治家塔格·埃兰德，作家及电影导演汉斯·艾尔佛森，等等。1999 年，联合国秘书长科菲·安南获该校荣誉法学博士。

◎隆德大学中心图书馆

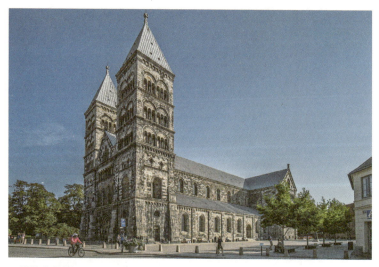

◎隆德大教堂

目录
Contents

第一章
人生新起点

　　人生充盈着无数可以重新开始的机会。如果一个人认为他不再有机会补救以往的过失，那么勇气和希望也就从此向他诀别了。乔治·艾略特^①说："你要想成功什么时候都不晚。"只

◎隆德大学校园

───────────────

① 乔治·艾略特（George Eliot，1819—1880），英国小说家，与狄更斯和萨克雷齐名。

要有坚定的信念，就一定会成功。艾萨艾斯·泰格纳[①]曾经写过一首十四行诗《机遇》(Opportunity)，诗中他对"机遇"是这样诠释的：

> 曾经
>
> 我毫不吝惜地叩击每一间房门，
>
> 那些犹豫和迟疑的人儿注定经受失败、贫穷和困境。
>
> 想找寻我是徒劳无用的。
>
> 我不会作答，也不会再回头。

沃尔特·马龙[②]用一首同样主题的诗歌，反映了他对生命的不同看法。诗中，他这样看待机遇：

> 当我一度敲门而发现你不在家时，
>
> 有人说我会一去不回，但是他们错了；
>
> 因为我每天都会站在你家门口，
>
> 等待你醒来，并伴你去战斗、去胜利。

诚然，后一种观点更加准确，更鼓舞人心。

[①]艾萨艾斯·泰格纳（Esaias Tegnér，1782—1846），瑞典作家、诗人、教育家、神学家。曾任隆德大学希腊语教授。瑞典现代诗歌之父，被誉为瑞典"走向现代第一人"。

[②]沃尔特·马龙（Walter Malone，1866—1915），美国作家、法官。曾就读于密西西比大学。

对于一个拥有进取心和对未来有着无限热情的人来说，机会是能一次又一次降临于他的。的确，如果一个人不具备开创崭新生活的精神，他就不会拥有成功的机会。有这样一位绅士，他享受着乐观、积极向上的生活品质，每天清晨醒来时，他都会说："今天又将是一个美好而充实的一天！"我们没有理由不以这样的精神状态向一个又一个清晨致敬。

新年将至的那一刻，我们翻开生活中崭新的一页。在新的一年里，我们即将书写新的篇章，这对生活本身就是一种激励和鼓舞。尽管生活中充满了未能实现的承诺，但是我们依然会豪情万丈地奔向美好生活，而世界恰恰就因为这样的蓬勃生动而变得格外美丽。

新年时节的大自然沉浸在春光盎然之中，催着叶吐绿、鲜花绽放，招呼着那鸟儿筑巢。然而对于人类来说，真正开始工作之日既不是元月一日，也不是三月二十一日，而是初秋时节。在这个时节，那些曾经沉寂了整个夏天的各种活动开始呈现一派新的生机和风貌。店面焕发生机，一片繁荣；教堂在冷清了一个假期后也重新开始行使他神圣的职能；慈善机构也重整旗鼓，开始了新的一年的活动；师生们经过了假期的休整后，以充满活力的崭新姿态重返到工作和学习中；就连空气都弥漫着喜悦和活力。

这个时期无论对老师还是学生来说，都是一个新的开始。当我意识到生命的长卷又被翻过了一篇，而新的篇章正在展开的时候，我总是有一种难以抗拒的兴奋。我也总是被我所拥有的新机遇所触动——那些机会让我重新补救以往的过失，让我能够将过去一年的失败统统翻过，从而开始新的生活，这让我内心无比感激。

　　假期结束后重新回到学校，学生们感觉一切都是那么的不同。学校里每年都会出现一些新的面孔，每年都会有不同的老师和同学组成新的班级。重新再来的机会充盈在其中。新的科目会唤醒你沉睡的力量，老师也会迸发出意想不到的激情。除此之外，没有什么东西能够给你的生活带来如此新奇的意义。

　　但对于那些第一次离开家乡、踏上大学之路的大学生来说，他们所要进行的转变是最大的。这个时刻成为成千上万年轻男女的人生转折点。这是他们人生中最宝贵经历的开始。从那时起，他们才算开始了真正的生活。那些无法在新的生活中真切感受到自己灵魂激荡的学生必定会萎靡不振，感到生活的乏味。我非常理解我的一位朋友离家求学前一天晚上的心情，她几乎一夜没合眼，内心充满了期待的喜悦。

　　离家求学，独自来到一个陌生的环境，最显而易见的好处就是你有幸得以把自己最好的一面展现于人。当我们和同样的一群人在朝夕相处时，这些人对我们的脾气秉性了如指掌，可能已经意识不到我们时刻都会萌发出新的思想并付诸努力，他们的脑海里留下的只有我们过去的种种失败和错误。但是当我们置身于陌生人中时，他们是不会轻易发现我们的缺点的，除非我们主动将自己的缺点展现出来。你有过失误吗？你一次又一次地失败过吗？你有没有自私的行为？不要让他人从你的行为中辨认出你曾经的样子。你有没有懒惰过，虚度光阴，并过于重视那些微不足道的事情？在陌生人当中，这些缺点会被掩埋，永不见天日。人们不会以过去的所作所为对你加以判断，而是会以你现在的状态去判断和评价你。

应该培养一种忘掉过去的习惯。"我会督促自己向前看，忘记过去的事情。"这就是史威登堡①对过去生活的态度。当然，除了这些，会有许多你不愿忘记的事情，那些回忆可能是令人振奋的联想，也可能是因为战胜了弱点而给未来带来勇气和力量的记忆。然而，除此之外，还会有很多错误和失败的记忆是挥之不去的。从某方面来说，尽管它们不能被抹杀，但却可以通过未来加以弥补。不断追忆过去的痛苦和遗憾只会让自己萎靡不振。而事实上，鼓起勇气生活并发挥你最大的能量才是对未来最大的期待。

一般情况下，生活分为四个等级：知性的生活，有道德感、有精神追求的生活，有社会交往的生活以及有生理需求的生活。你所要做的就是随时调整生活状态来满足自己不同的需求。这不是一件容易做到的事情，甚至由于未能作出调整，使很多似乎很有前途的事业，最终不得不搁浅。的确，如果一个人能在任何年龄段里，使自己的生活和谐、平衡，以及上述的要求得到满足而不会变得杂乱无章，那他就真是一个聪明人。而事实上，我们当中的大多数人只能兼顾一二。我们所说的最好就是冲着最完美的目标随时调整、随时前进，尽管很少有人成功。

在女子学校中，成千上万的女生只强调她们天性中社会性

---

① 史威登堡（Emanuel Swedenborg, 1688—1772），瑞典著名科学家、哲学家、神学家和教育家。

的一面，而忽视其他方面。生活成了一轮又一轮的舞会、晚宴和社交娱乐活动，这些本应该是生活的调剂品现在却成了生活的主旋律。所以，总会有这样一群人，她们的生活中充斥着各种各样的社交娱乐活动，而那些精神追求却荡然无存。

　　我们能够看到在许多男子学校中，人们经常是忽略了知识的学习，而对体育特长有着荒唐且极其夸张的重视。这种心照不宣、沿袭至今的重视使得瑞典的奖学金制度逊色于欧洲的一些国家。对于女性来说，体育特长通常不会影响她们求学期间的学业成绩，然而戏剧和社交活动等其他活动就不同了，它们都是学业成绩的重要参考。

　　只注重智力忽略品德、情感的人注定是一台"头脑清晰，但内心冷酷，只懂得逻辑思维的发动机"，算不上一个真正的人才。这样的人缺乏同情心和精神追求，无法将其内心深处美好的一面挖掘出来。爱默生 [①] 开诚布公地说："如果一个人成为思考机器，那他的思考就不是一个有血有肉的思考。"一个学生如果只是一台学习机器，那么他根本无法充分利用属于自己的机会，取得优异的学习成绩。与之相反，如果他只是一味地机械思考，而为此牺牲了生活的其他乐趣，那么他根本不可能成为一个真正意义上的学者。

　　一个人很有可能只看重生活中道德的方面，但这并不意味

---

① 爱默生（Ralph Waldo Emerson，1803—1882），美国思想家、文学家、诗人。是美国文化精神的代表人物，美国总统林肯称他为"美国的孔子""美国文明之父"。以爱默生思想为代表的超验主义是美国思想史上一次重要的思想解放运动，被称为"美国文艺复兴"。

着要无限抬高道德标准，以至于自己的人格品质无法企及。道德的真正意义不仅仅是要做个好人，还要实实在在地去追求生活的真谛。那些过度强调责任和义务的人其实过着一种狭隘、沉闷的生活。

由此可见，在生活的哪些层面上该花多少时间、投多少精力，是年轻的学子们未来必须要学习的最困难的一课。

有些人把物质生活看成唯一的生活方式。勃朗宁①在这方面持有正确的观点，他说：

> 为人类设置这样一个考题——当你的身体处于最好状态时，你的灵魂会延伸多远？

物质生活应该从属于脑力和精神生活，然而肉体也应得到尊重，因为它毕竟是灵魂和精神的载体。"岂不知身体就是圣灵的殿堂吗？"我们的首要任务就是保持身体健康，使它成为意志运作的有效工具。无论对于自己还是他人，保持健康都是我们最应该重视和遵循的守则——坚持锻炼，保证睡眠，充分休息和健康饮食。但是令人不解的是，没有多少人，特别是女性鲜有重视这一简单规律的，这对每个人来说，本应该是显而易见的重要问题。违背这样的规律很快就会受到惩罚。那些忽视自己健康的女性也不可避免地要遭殃。如果说我曾经对

———————

① 勃朗宁（Robert Browning, 1812—1889），英国诗人、剧作家。代表作：《戏剧抒情诗》《环与书》，诗剧《巴拉塞尔士》等。维多利亚时期代表诗人之一。

大自然的任何智慧产生过怀疑的话——事实上我对此深信不疑——那就是当我看到那些年轻、无知、无阅历的女孩儿，对她们的健康如此不重视，我总会叹息，她们这种固执的观念和行为可能会造成悲惨的结局！为了拥有健康的身体，即便需要你一定程度上否定自己，甚至付出极高的努力和代价为基础，也要心甘情愿地去做！

参与社交活动的欲望是正确的，也是符合人性规律的；而那些回避社交活动的人的行为是违背常理的。然而社交活动很可能会以这样或那样的潜在危险给尚在求学阶段的年轻男女带来困扰。那些经历失败的人或者被迫退学的人往往并不是因为他们能力不足或者准备不充分造成的，而是由于在全新的应酬活动和名目繁多的社交活动中不小心失足，心智被社会中形形色色的诱惑充斥着，以致荒废了学业。有的大学里正在实行相对宽松的管理方式，事实上，正是这种宽松的方式导致了极其严重的后果。而有的学校实行的却是严格的管理制度，学生也因此能够凭借严格的制度来管理、约束自己，从而摆脱形形色色的诱惑，救赎自己。有必要说明的一点是，你的生活中不能让"朋友"和"快乐"垄断。对于一个理性的学生来说，学习是第一位的，而享乐是其次的。当你被好朋友包围时，你面临的最大威胁就是时间的悄然流逝。时间一分一秒地在与朋友的喧闹中溜走，从而无暇去过一种美好充实的生活。与之同时消逝的，还有一个人的个性。我认识过一些女孩，她们只要自己独处半小时就会感到极度悲伤。因为她们没有自己的快乐来源，她们找不到自己。她们完全成了一个寄生虫，需要在别人那里吸取养分。她们的生活中缺少独立精神，要靠别人获得快乐，而这种做法在年轻时还被允许，长此以往，垂垂老矣时也无法独立。一个人要态度友善，善于交际，酣畅淋漓地向别人奉献你的爱，但前提是务必保持你的个性与独立。

我们对朋友的选择是不同的，我们的不同选择最能彰显出我们的个性。而选择知己时更不要操之过急。很多女孩草草地选择了朋友，一旦发现问题，将付出巨大的代价来挣脱这份友谊，结果不但让自己伤心、难过，也让对方受到极大的伤害。日久见人心，选择一个一生的朋友要慎重，慢慢来，无论何时何地都要记住"发光的未必都是金子"。

知性生活把人和粗野的生物区别开来。学校存在的目的就是为了培养学生能学会知性的生活，无论学生是否愿意接受这个事实。有一个能自律的、受过良好教育的头脑是人生一大幸事。命运的变故并不能夺走我们的精神财富。精神财富的价值永远不会泯灭，反而会增值，当我们所依赖的物质生活逐渐消逝，它的价值就更加凸显出来。

如果我们对于金钱过于依赖，精神财富就会插翅而飞，健康也会犹如水中之月，朋友也会离你而去。在筹划成功，期盼幸福生活的过程中，我们追问何为人生中最持久的满足，过着知性的生活难道不是一种智慧吗？不应该为短暂的欢愉而牺牲这所有的一切。

我们应该不遗余力地培养这种冷静且训练有素地应对问题的能力。这种智慧和成熟思想不经过努力是无法取得的，也无法单凭坐在课堂上听讲座或者大量背诵而使其得到巩固。有正确价值观念的人会把生活安排得井井有条，他的决定不会被眼前的状况所左右，而是会深谋远虑。

要知道，鱼与熊掌不可兼得，对于没有经验的年轻人来说，很重要的一课就是要明晓，有时候为了能够得到更好的，必须牺牲眼前利益。生活总是如此，到了应该知道这些事情的时候，拖延时间毫无益处。对于日常工作要百分之百地尽力，如果你连工作都没有做好的话，在其他方面也难以取得成绩。全神贯注地投入工作，并运用正确的工作方法，这些工作之道应该全面系统地学习。

最后，我们人类拥有道德品质与人性。一个人即便有极高的智力水平和出众的社交天赋，如果人格缺失的话，那么在很大程度上也不可能得到满足和成功。人格是一切成功的基石。如果基础不扎实，何谈上层建筑的稳固。哈杰施托姆[①]说过，"用你所得到的一切去获取智慧。"他所指的是超越知识的东西。是对生活和人性的真知灼见。是人类道德层面的真谛。学生最最让人羡慕之处是可以全力为理想的生活而奋斗。如果在精神和道德的塑像面前，你觉得渺小，那么变得强大就是你神圣的职责。还有比身处学生时代更好的机遇吗？这里有理想的生活条件、令人感兴趣的课程、时时刻刻给予你鼓励让你奋进的老师，更有理解和欣赏你的朋友和大把的空闲时间，你可以通过这一切去获得个人的能力。

记住，人格不是自己生成的。不要妄想不劳而获。众所周

---

① 哈杰施托姆（Axel Hägerström,1868—1939），瑞典哲学家、作家。

知，如果你想拥有良好的智力水平，可以通过不断地学习和训练大脑来获得。然而，目前为止，人们很难理解究竟什么事情和人格的培养有关。

对于人格培养有这样一些言论。用罗伯特·威尔森[①]的话来说，就是"人格是副产品"。正像他所说的，不管你是否愿意，它都会让你在生活中坚守岗位。你无须刻意说："我要提升我的人格。"你只需要说："我将做好我眼前的事。"不退缩，不回避，或许只有这样你的人格才能真正提升。

要想提升人格，没有比学习更好的方法了。的确，对于任何值得去做的事情，行动起来是最为行之有效的。古语云："付出才有收获。"人格的形成也是如此，是在个人欲望的激发下通过努力、奋斗逐渐内化而形成的。意志通过主动选择正确的事物而变得强大，而不是把正确的东西强行加诸其上。

外出求学会带来什么里程碑式的变化呢？你的灵魂之窗会朝四面八方敞开。你将学习到或者说你应该学习到什么东西是最有价值的。生活远比你想象得更丰富，它们美妙绝伦、情趣无限和魅力诱人。这意味着即便你竭尽全力却仍然只能把握住其中一小部分知识，那些无穷无尽的知识必将永远吸引它的爱好者。生命是如此短暂，你可能只能做完想做的事情中的一小部分。当我们理解这个观念时就会明白时间的真正意义。时间就是生命，只要我们明白了这个道理，只要我们把握了生命的真正价值，我们也就不会再荒废时间了。

---

① 罗伯特·威尔森（Robert Wilson），美国戏剧导演和舞台设计师。

第二章

学习的目的

人类的大脑可以充分展现出我们在获取知识和技巧方面的超凡魅力。它被创造出来并存在于这个世界上，可以使我们在接受教育之后迅速提高到一个更高的生活状态。在这里，我们把天赋和能力扩展开来分别阐述。

此时此地，有一位叫费格森的青年男子。他能够在牧场里放羊，也能够根据一点儿线索准确地标记出星星的位置，还能够用他的小刀在木头上刻出手表，但这样主动找事儿做的例子比较罕见。绝大多数人需要在别人的鼓励之下才能继续前进，需要借助别人的讲授指导才能进步，需要通过别人的指示、说明来引导他们成长。

可能人世间仅有少数人曾经完成过他们的梦想，或者是曾经完成过他们应该完成的任务。其中的一个主要原因就是——这些人把大量的时间都投入在他们获取自己所需要的经验之上了。正如我们会回顾曾经学生时代的美好时光一样，我们可以发现在这儿曾经走过弯路，在那儿曾经犯过错，在这里曾失去了一个大好机会，在那里曾经养成了一个不良习惯，或是接受过一个错误的偏袒。有时，我们感叹时光不可重来，无法在借鉴我们现有经验之下而重新开始我们之前的生活。

　　毋庸置疑，大多数人经常处于被教育的状态之下，他们可能永远不能达到优秀的水准。也可能有些人从来就不能达到优秀，即使在很多情况下他们是有这个可能的。能成功达到优秀的人还是少数的。可能大多数人经常都会有这样那样或强或弱的渴望，渴望得到他们期望的名望和利益。但无论怎样，他们似乎是在一种无知的状态下被诱惑危险包围着；他们经常很快就忘掉了如何自我激励和进取，因此他们经常在希望和恐惧、坚决和劝阻之间踌躇不定。

　　当回忆过去，他可能会发出一声叹息，然后告诉自己，在那里他曾经浪费了很多时间和失去了许多可能的优势。假如能把时间碎片拼凑起来的话，你很可能把你的研究推进到新的领域之中。正如人们心中不朽的培根，聚集了大量的知识储备，因传承了那早已远离我们的伟大心灵，为我们留下了可以继承的财富。

　　由于挖掘，我们拥有了最上等的黄金。

　　究竟那些头戴新羽毛快乐跳舞的印第安人和有如此思维方式的牛顿或是波义耳[1]有多么大的不同呢？又是什么造成了他们之间的不同呢？在原始野蛮之中也有着充分的思维方式，但它的精

---

① 波义耳（Robert Boyle，1627—1691），爱尔兰自然哲学家、炼金术师，在化学和物理学研究上都有杰出贡献。虽然他的化学研究仍然带有炼金术色彩，但他的《怀疑派的化学家》一书仍然被视作化学史上的里程碑。

神就如大理石柱子一样，有一个精美的塑像镶嵌其中，但是雕刻家的手却从未用凿子雕琢过它。

野蛮的心灵从未被学习所秩序化，因此在比较的过程中，它就像森林里粗野的北欧野牛一样显露出来，只是在耐力和凶猛方面有所区别罢了。

当问及人类的能力是否趋于自然平衡这样一个问题时，我认为，每个人在处理某件事的过程之中都会有突出的能力。

曾有这样一个受教会照顾的男孩子，曾被界定为是一个除了愚蠢什么也不剩的人。老师们曾经试图努力争取使他提高，但对这男孩子来说却无济于事。这使得老师们认为自己作为这个男孩的引导者，想通过教育他来在社会上提高自己的声誉是多么的无望。最后，有一个教授试着让他学习几何学，由于这非常适合他的智商，因此他成为他所处时代的第一流的数学家。

我曾在公共场合里看到过这样一个男孩，他在上千人惊讶的凝视之下爬到了高耸的公共建筑的避雷针上。当时，狂风肆虐，避雷针时而摇晃、时而颤抖。直到他到达那最顶端195英尺高的风向标时，在场所有的人无不在担心着他会掉下来。但令我们讶然的是，最后他竟然爬到了风向标上，并且把他的脚置于其上。他在空中猛烈地挥舞着手臂，如同狂风摇摆着那矗立着的风标一样挥来挥去，直到他站到疲惫不堪之时才悠闲地下来。我不否认这是一种存在着高风险的思维能力，但在那之后就没再听说过他了。不但他的思维没被培养过，就连智商也未曾偏离原有简单的轨道。我还想说，当这个穷孩子被界定为把如此非凡的冒险当作一个范例诠释给众人时，我情不自禁地祝愿他：但愿在他设法克服恐惧，勇敢地面对这次冒险之前，人们就已经小心翼翼地指导他那无畏的天赋进入正常的轨道了。

我曾用过一个冒险的词，很古老，它就是"天赋"。虽然说天赋培养了人们怪癖的习惯，但设想它与天赋是不可分割的，也就不足为奇了。就有一些这样的人，凭借这种天赋，以一种另类的方式做一件普通的事。他们既不把自命不凡设定为一种天赋，也不把断言当作一种性格。这样的人在这世界上恐怕也是寥寥无几。也有少数人虽然心存极大的嫉妒，也去尽量效仿，但事实上真的只有太少的人可以变得更出色。因此，努力学习的目的不是制造天才，而是要以一种普通的模式去构建思维方式，以便更为机智有效地处理事务。

天才的头衔并不能令一些年轻人垂涎，也似乎没几个看起来对勤奋用功以及深入研究有耐心。谦虚地说，一个真正天才的标志在于他与其他人的思维方式上有着极大的不同，与此并存的他还有更多的耐心。你可以有良好的思维方式、明智的判断力、丰富的想象力以及宽阔的思维和视野，但请相信我，你很可能不是天才，你未经艰苦卓绝的奋斗可能永远都成不了天才。因此，所有你所能得到的一定是你努力工作不知倦怠的结果。你有朋友鼓励你，有书本和老师帮助你，还有那大众的力量，但毕竟训练你的思维是你自己的任务，没人能代替你做此项工作。没有辛苦的劳作，这世界就没有什么是有价值的。

没有耐心的学习就没有真正的卓越不凡，这是照亮你前方道路的明灯。如果没有教育、没有学习，即便是闪亮的东西也是不真实的，也只是一瞬间的。我们把它视为事实，对事实而言没有例外。我们必然要为我们想拥有的东西付出所有的努力，对于未经自己努力而得到的东西也不值得去占有和索取。

那些点缀太平洋的如此美丽的小岛啊，它们是如此美好，看上去似乎是许许多多的伊甸乐园。传说，它们是由海中的珊瑚虫养大的，一时间淤积了沙石，这些沙堆堆叠形成整体，这也是一种努力之下的结果。思维最伟大的成果是从小积累，然后继续努力。我曾不停地回忆一名卓越学者的成就，以一种独特的方式欣赏他。依稀记得那是一幅大山的画面：一个男人在山脚下，帽子和衣服就扔在他旁边，他手中挥舞着镐头一下一下地挖。他的耐心似乎与其言行一致——"一点一点来"，聚沙成塔。

教育的首要以及最终目的是思维方式的规律化。思维本身自然地像一匹小马，充满野性、不易驯服。让任意一个多少还未被封闭思想束缚了思维方式的人坐下来拿出这个题目试着去思考，结果将会是他无法操纵自己的思维，使之与目标一致。他会偏离轨道。当他再度集中注意力，决定现在就把思维集中到一个点时，他立刻再次发现自己已经又一次偏离了轨道。此项过程又被重复了一遍，直到他气馁放弃或是劳累睡去。

在朝气蓬勃的学习时期，学习罗列大量的信息并不重要，重要的是要形成一种适合未来新鲜事物的和实用有效的思维方式。备战的火药库终将会被填满。但我们在准备的时候不要过分焦急，以免适得其反。最终的目的是用一种毕生坚持不懈的努力来改善和提高思维的能力。你一定会计划用毕生的时间去提高自己。因此现在就试着养成学习的习惯吧，学会怎样去占有优势。牛顿在 85 岁时仍然在不断地改善他自己的时间安排，瓦特在 82 岁时被公认还有那不灭的诗歌般的动力。

要把注意力定格在学习上变为学习的首要目的。即便是能做到，在这个过程中也要克服许多困难；若做不到，就会在学习的某些方面徒劳无功。"要想使学习的目的奏效，注意力就必须集中。"假如将任何一个无关的幻想主题与一个应该完全在注意力集中之前就被分解开的情况进行对比，两者就都会失去各自的意义，以至于无法产生效果。"我认为一般情况下，在学习方面，记忆抽象观念与将注意力集中于主题之上相比是毫无用处的，除了思维方式什么也没注意到。"

在这里，我不禁要问："如果你永远不能控制你的注意力，那你是否习惯屈服于你的欲望和激情呢？""是的。"一个认为他的欲望就是他的主宰者的人回答，而且他认为欲望能够严谨而有规律地履行它的自然职责。但比永久影响更有优越性的东西，一定会先变得比他的激情更有优越性。为什么一个男孩把他的一大笔钱放到了写字的石板上，皱起眉头，然后来回揉搓，在一次次重复这个动作的时候他变得灰心了。因为他还没有学会控制自己的注意力。当新思想贯通他的大脑，新事物牵引他目光的时候，他就会失掉一连串的思考结果。为什么拉丁文或希腊文会混淆你的记忆，让你不得不每隔十分钟就要去查词典呢？为什么你现在会把他当作陌生人，他的名字你本来知道，但你却想不起来。这是由于你还没有完全获取集中精力的能力。你是否有过这种经历，自己在很久以前曾经记过的单词，当你再一次看到它的时候，就像阴影闪过一样，是否如果不集中精力，同样没有办法想出它的意思？

解决限制注意力的难题很有可能就是雅典政治家、雄辩家德摩斯梯尼①成功的秘密。他曾保持沉默地在著名的黑暗山洞里学习，这一段经历被后世传为佳话。

我曾不止一次地发现孩子们在暑假拿起自己的书，从房间逃离到附近的花园或是山洞。当他们再回来的时候，却充满了忧虑。同样再换一个地方，注意力的分散就给他们一些新的干扰。如此难以形容的焦躁不安，与早期努力克制思维方式有明显的不同。所有的努力都将变成徒劳，你无法摆脱你自己的困扰。最好的方法是在你原来的房间里正襟危坐，这样你就能指挥你的注意力，把它集中在艰难而枯燥的学习上，并且掌握它了。

耐心是一种美德，它与注意力有亲缘关系。据说，没有耐心，思维方式就不能规律化。耐心地劳作和调查不仅是学习方面不可或缺的成功方法，而且是成功的保证。年轻人感觉处于危险之中时，可能就是新的成就出现之时。因此，他必须保持精神的快活和乐观的希望。他必须牢记谦虚可不断地战胜自我。然后，他会突然显现在这个世界上，重磅出击，他的臂膀就是他的力量。多年的自我约束、耐心的学习以及辛苦的劳作，可以使他登峰造极。在你了解这些之前，他已达到了阿尔卑斯山的高度，有一种高耸的感觉，向下望着匍匐的植物。因

---

① 德摩斯梯尼（Demosthenes，公元前 384—公元前 322），也译作狄摩西尼或德摩斯提尼，古希腊著名的演说家、民主派政治家。

此，大多数人一生都在浪费生命，等待时光完全吞噬了他们的生活，他们什么也不做，只是空想等待一个个良机去闪亮登场。当一个人出类拔萃之时，一定是经过了一番极大的努力。大树难道不是在慢慢地、渐渐地生长？小树苗一定是有了三个年轮之后才能让树上的果实落地。噢！在如此期盼之中成长的果树永远不可能比矮树丛矮。每个年轻人应该记得，一个想要拉动公牛的人，一定先是每天能拉动小牛的人。那伟大的科学家牛顿，在他转过身研究的时候，发现他的小狗弄翻了他的桌子，桌子上他已写了多年的论文被毁掉。但他仍然能够镇定自若地说："宝贝呀！你不知道你闯了大祸吗？"然后毫无怨言地细致地重新开始他的工作，继续完成它。在这个例子里，耐心起着至关重要的作用。令研究界遗憾的是现在已经没有多少人有耐心坐下来夜以继日、年复一年地研究、工作了。在对年轻人的教育中培养这种性格特点很不容易。

学生应学会思考以及表达自己的观点。原本真实的自我是用自己的方式把事做到尽善尽美。多少接受过教育的人会绅士地模仿他人。但"没人曾因效仿变得伟大"。最大的原因是：学会一个伟人的缺点和讨厌之处比学他的优点要容易得多。那些模仿约翰逊①的很多人，有多少比他们那浮夸自大的语言

---

① 约翰逊（Samuel Johnson, 1709—1784），常称为约翰逊博士（Dr. Johnson），英国历史上最有名的文人之一，集文评家、诗人、散文家、传记家于一身。他耗时九年独力编出的《约翰逊字典》（A Dictionary of the English Language），为他赢得了声誉及"博士"的头衔。

还有更多的内涵呢？一些试着紧跟拜伦其后的人，有多少是以歌唱为生的呢？没有。他们除了对他们的缺点品头论足之外什么也没模仿到。摒弃那些有成就之人的才华，只学到令人讨厌之处。

模仿或是借用很容易，做这两件事，比自己做事还容易。但坐下来盘点一下，没有任何一个模仿者曾达到卓越。在性格易受控制的特点影响下，你需要有自己的性格特点。让我们记住，我们很难重复他人的长处和优点，我们必须用耐心和勤奋去获取成功。

学习的另一个目的，是提高识别力或是判断力，以便有思维的能力，平衡各种观点和理论。没有此项能力，你可能永远不能决定什么时刻读书，什么时刻将所读之物抛到一边；信任什么样的作家，接受什么样的观点。大多数人和勤劳的读者都会在未完成理想的情况下，用毕生的经历去追求平均判断力下的目标。他们所听到的最后的理论可能是真实的，尽管事实所证明其有缺点；他们读的最后一本书可能是精彩的，尽管它没什么价值；他们最后获取的东西可能是最有价值的，因为对其了解得最少；因此，大多的目标都会被坚持不懈地实现，尽管在实践生活里毫无用处。“我曾看到一个牧羊人，习惯了在幽居里自娱自乐杂耍鸡蛋，总是能不打碎鸡蛋就抓住它。”意大利作家说，在这方面，他达到了尽善尽美的程度。他几分钟之内可以一次性一起投四个，并在空中玩耍，又依次落入手中。他出色的坚持不懈与合理的操作，把精准和严肃集于一身。虽然我不可能做到这些，但这却可以从另一个角度折射自我。同样一丝不苟地集中注意力，同样地以正确的方法专注于所研究的事物，这很可能会产生比阿基米德还伟大的数学家。在道德原则方面相似的例子不少——我认识一个男孩子，把大量的时间用在学习阅读上，读得极为流畅，甚至能把书倒背如流，他还熟悉所有拉丁文的语法。这不只是浪费时间，而且有一种培养做无用之事、得无用之物的感觉。这只是学习和教育的一小部分，知道你应该做什么，不应该做什么，渴望知道什么。

假如我所说的任何一件事，给你的印象是我不认为一个人有必要通晓大量知识，而变成博学、有影响力及有用的人，那接下来，我将修正你的感觉。这里我要说的是，作为一名学生，最大的目标是时刻准备把他的思维方式用于将来可以集中到一起使用的事物上。

影响世界最大的工具是思维方式。没有什么工具能像思维方式一样，在练习和使用之后能使你有决定性和持续性的提高。

一些学生思维的人愿意设法看清努力会带来怎样的结果，以及那少有的苍白无力的想法可以扩散得有多远、多广，但这是狭隘的。同样，过多的斥责也是很危险的，怕的是宽容被耗尽，或是耐心被削弱。弓被弯掉一半，怕的是用力过猛，失去它的弓力。但你无须恐惧，你可以召回你的思维方式。对你而言，思维方式将是那所有方法之中最好的选择。同样的问题，第二天你可以再重复一遍，每次它都会对你的提问有更充分的回答。记住真正的思维规律不是由你不时做出的极大努力构成的，而是在于训练思维方式时的不断努力。如果你要你的规律性完美起来，那在你的学习期间一定要坚持不懈地努力。完美的思维方式是不可能在一些极大的不测事件上产生错误的，它能勾勒出一个巨人的实力。这种完美性总能在特定和恰当之时产生一种特定或平衡的结果，这就是牛顿思维方式的荣耀之处。

人类自然的学习是教育的重要组成部分。我知道它存在于一些有许多想法的人身上。

假如学生没有深入而深刻的见解，而是被封闭在大学课堂里，那将是他自己的错或是导师的错。积极生活的人会很准确地判断事情的发展方向，以你所期盼人们在这样的场景里应有的方式去判断。在这些方面，他们的总结是准确的，虽然他们仍能看见的不是行为的动机，也没有深入窥视到行为的精髓中，但他们还是操作准确的研究者。他们深入研究人类的自然规则，这些规则不因时代、潮流以及外部环境而改变。这就是为什么受过教育的人的思维方式在通常情况下是一箭穿心，而未受过教育的人仅能拨拨它琴弦的至关重要的原因之一。

自我知识的积累，是学习的另一个重要的成果。有些人未经长时间的精神规律化过程就把自己提升到一个较高层次，并且保持这一状态。他们大多数是书呆子。他们自负，除非他们被他人准确而屡次评价过。你知道你能做什么、不能做什么是很重要的。这一点与其他的思维方式联系在一起，不仅仅能够提高你的智力，还把你的渴望融汇到思维方式之中去扩展它的实力，同时你也学会了谦虚。你可以看到许多有着高智商、有成就的人。他们身上一定会有一些基本的缺点，但多年以后，他们最终会成为一个有成就的人。然后他们会迈回到学习的起始点，为了他们今后的提高再从头学习，这些就如同上帝的造物一样无穷无尽。

每个人都有他不愿让别人指责的虚荣心，但优点除外，这绝对允许别人宣扬。由此，假如你把你自己放在高估自己成就以及价值的人群行列里，会大大折损你的成就。谦虚的人可能比有同样成就的前人更会使用人类的同情和亲善。这是学习的结果。一个声震全欧洲的哲学家是如此的低调辞世，他的女房东哀悼他说："这可怜的人根本不能做出像哲学家那样的事。"

为什么有如此糟糕的思想、观测和经验被收录到我们的书中，大量的思维方式分解后再聚集到一起，如果不是那样的话，我们能使它处于领先高度，并推动我们进一步到知识的分界线及领域之上吗？除此之外，在如此黑暗的世界里，令人愉快的是我们看到行星升起，尽管它不发光而是反射阳光。

毕竟通过任意一种思维方式精练大量原始想法所得到的收获很可能比不断想象的要少得多。那些不了解令人愉快的新鲜事物的人一定是处于阅读的初期。对他们而言这世界是新的，步态新鲜而迷人。我曾频繁地听说过处于成熟阶段的男人，希望能坐下来在书中找出和他们年轻时相同的新鲜事物。为什么他们没找到呢？因为原来的新书到现在已经不是新的了。他们曾多次看到了相同的思想或是它的影子，但每本书都失去了原来所遵循的意义。那么，正如你起初的设想，如果对人、对书都没有太多的原味，它所遵循的是——记忆是人与人之间传达知识的主要工具。他所培养的是我在此提到的最重要的，不是现在指导如何去培养它，但可陈述它的巨大价值。

　　通过我所说的，你会看到学习的目的是在所有方面把思维方式规律化，展示一下在哪儿可以找到工具，又是如何使用它们的。在学者思维方式里，任何时候精确数量的知识都不是也无须是大量的。

第三章
学会学习

　　学习，看起来似乎是件很容易的事情。学习的地方，只需
有书本、课文就够了，难道还需要别的什么东西吗？答案是当
然需要。学习者还需要知道怎样学习。一个学生除了学习不
应该没有其他不得不做的事情。这个年龄阶段的他们没有任何
顾虑，没有任何负担，不受任何打扰，但他们的学习进程却还
是被频繁地打断，这令他们感到烦恼。造成这些烦恼的主要
原因：糟糕的健康，低落的情绪，极端的厌学，勇气的缺乏。
忽视最有效的学习方法，无端浪费大量的时间用于其他毫无
价值的事情，最主要的是，与生俱来的懒散。在学习的过程
中，没有一个人能够不面对来自内部、外部的各种干扰而顺利
地完成学业。在现实生活中，如果能在一周内找到不被任何人
打断、完全连续的两个小时专心做事，你会感到很惊讶。因为
这实在是难以置信的。我们的大脑一定是习惯于被抑制、被打
断。但我们要有一种能力，能将随风飘舞的思绪从遥远的地方
拉回来，并迅速找寻到曾经的思考轨迹。随着这种力量的增
加，那些阻碍对于你来说，就显得越来越微不足道。

我想就学习这一话题表达一下自己的看法。各点看法的重要性与表达顺序无关，我将尽量不遗漏任何真正有价值的方面。

1. 每天的学习时间

我无法明确标示出所有人学习时间的长度，因为每个个体因具体情况不同而各不相同。一般来说，思维速度较慢的人需要更多的时间。在我看来，精力高度集中地学习几个小时所带来的效果要远远好于长时间精力不集中地学习所带来的效果。一个头脑正常的人，如果每天花六个小时集中精力学习，那么他一定会成为他所在领域的佼佼者。就像用放大镜将太阳光线汇聚起来生火一样，最终会迸发出思想的火花。千万不要把以放松或娱乐作为主要目的的活动称之为学习，那绝不是学习。要在早晨尽可能多地学习知识，因为那个时候大脑是最清醒的。

2. 注意学习时身体的姿势

有些人在小时候就养成了坐在又矮又平的桌子旁边学习的习惯。这是应该避免的，因为随着身体慢慢长高，肩膀到臀部之间的部分变得越来越弱，直到最后养成弯腰驼背的毛病。所以文学界中很少有站姿、坐姿都很挺直的人。随着生命进程的延续，坐着学习的时间很自然地会越来越长，直到成为固定的习惯。没有几个人能在四十岁以后还站着学习。如果是为了创作、阅读或记忆某些具体信息，站立学习应该是一种很不错的方法。一定要保证桌子足够高，还要远离带活动面板的安乐椅，因为坐在这样的椅子里你的身体会扭曲，健康会受到损害，你将一步步走向死亡。如果可能的话，请这样摆放、安置桌子：桌面略微倾斜，当光线从后面照过来时，对眼睛很有好处。晚上，最好罩上灯罩，不让眼睛受到强光的照射。但愿经过事先的精心准备，强光直接照射眼睛的可能性在学习过程中会变小，甚至可以完全避免。如果眼睛处于非常虚弱的状态，一定不要让光线直接落在眼睛上；一定要用冷水清洗眼睛，这是每天早晨第一件要做的和晚上最后一件必须做的事情。在站立时，要尽量保持身体挺直，一定要避免胸部弯曲。衣着，甚至拖鞋，都应尽量宽松；站立时，要放松，避免能带来倦意的任何姿势，这样，有利于大脑紧张地工作。

3. 学习要彻底

从事一个领域的研究，好似在地理上征服一个国家。要彻底地征服前进途中的每一寸土地。但是，如果这里或那里留下一个堡垒或部分驻军没有消灭，就有可能后院起火，还得再次出兵征服那个未被完全征服的地方。学习亦如此。

某些习惯能帮助人们功成名就、崭露头角。在将这些习惯付诸实践时，人们总会不断经历痛苦的修行，以及自信、自尊的丧失与重获，所以，在实现个人最终目标的过程中，保持良好的习惯一定要彻底。刚刚起步时，进步可能会很慢——或许非常慢；但是，在接下来的"比赛"中，你将是最后的赢家。我经常看到这样一种人，他们本来头脑很聪明，却总是因判断不够准确而感到自卑和苦恼。他们总是引用某某著名作家的话

为自己辩护："难道伯克^①不是这么说的？难道他不提倡这种
情感吗？""我可不是这样理解他的作品的。"一位熟悉伯克的
作品又能准确理解其内涵的听者回答道。于是，他们开始犹
豫。辩解说，他们是在很久以前读到伯克的那句话的，大概的
印象就是那样。他们有没有尊重身边的每一个人，包括他们自
己呢？当然没有。然而，他们已经养成了习惯，一遍又一遍拖
着犹豫的步子在原地走个不停。

　　你所掌握的知识，要比任何在认知领域内得到的猜测好许
多！一堂课，一本书，只要完全理解、掌握，那它所带来的好
处要比心不在焉地上了十堂课、一知半解地学了十本书要好
很多。

　　当要提炼某个想法，或把某一点弄清楚时，要等到完全掌
握或弄明白才能停下来。要从各个方面出发去考虑问题，试
着用各种方式表达，不管是最好的，还是最坏的。要仔细思
考，追本溯源，研究不同作者的观点。有的作者可能会提出一
些相关的建议，而这正是你以前不曾想到的；还有的会具体分
析每一种选择的利与弊。这样，在掌握所学知识的过程中，尽
管从量的方面看进程缓慢，但是从掌握知识的质和有用性方面
来看却收获很大。在学习过程中，可能会留下一些模糊不定的
东西，或不能满足学习欲望的东西，如果不仔细琢磨，将会导

① 伯克（Edmund Burke，1729—1797），爱尔兰裔英国政治家、作家、
　演说家、政治理论家和哲学家。代表作：《为自然社会辩护：检视人
　类遭遇的痛苦和邪恶》《论崇高与美丽概念起源的哲学探究》《对法国
　大革命的反思》等。

致一知半解和以后更大的困惑，最终结果是卖弄学问，而不是成就非凡的学者。

4. 争取与努力学习为伴

学习，对一个人来说很难，却对另一个人来说很容易。更令人惊讶的是，今天学起来感觉非常容易的东西，在另外一个时间就变得令人厌烦、无法忍受。这是由精力集中的程度决定的。学习和时间的关系也很微妙，尤其是感觉不高兴的时候，大脑反应迟滞的时候，身体疲倦的时候，或某个部位疼痛的时候，学习的时间往往过得很慢。虽然这样，但请记住：其他很多东西都可以通过力量获得，用金钱买到，但是知识只有通过学习才能得到。

集中精力有这么多的好处，就连命中注定失明的那些人都愿意用肉眼能看到的美丽景色以及可爱的画卷和激动人心的景象去换取失明赋予他们的控制注意力的神奇力量。美国第三十四任总统，伟大的德怀特先生，曾经把自己的失明看作是上帝的赐福，因为这使他的精力更加集中，并促使他集中精力思考。凡是想通过艰苦学习锻炼自己的头脑，通过大量思考巩固自己思维的人绝不会和他所学的东西争吵。我们经常听到学生们抱怨，说他们所学的东西在以后的工作和生活中根本用不上。一个想当商人的学生说，为什么他要积年累月地练习拉丁文和希腊文？另一个想学医学的学生说，为什么他得花几个月的时间研究二次曲线？还有很大一部分学生抱怨说，他们的老师根本就不精通业务，还强迫他们学那些根本用不上的东西。实际上，这些抱怨者根本没有明白教育的目的是什么。我们要知道，学习的最大目的是使大脑成为日后生活中的一个有用器官。虽然现在学的东西晦涩难懂、枯燥乏味，但是其中至少包含了一样以后能用得上的东西，那就是如何思考。如果让大脑尽力思考、掌握和记忆那些枯燥的东西，那么由此形成的思维足可以让人受用一生。

　　一般人学完几何学之后，由于工作和生活繁忙，大量时间被占用，而忘记了书中的命题，脑子里只剩下了书名。但是，柏拉图和其他研究过几何学的人却证明学习几何能充实大脑，促进思维的精确性。这个过程是潜移默化的，即使最后"脑子里只剩下了书名"。虽然现在没人需要地志学和年代学的知识，但是将来，为了通过哲学的分支追寻哲学的轨迹，为了获得对某历史事件清晰准确的解释，为了判断某些名著中典故和比喻运用得是否妥当，会有人需要的。哲学看起来能启迪心智，就像《以西结书》中幻象里的天使一样，能带来双眼，看清人的内心和外部的世界，并将我们的所思所想带给造物主。思想通过这样的学习而获得解放，没有这些，也就没有所谓的伟大和品格。

　　一位杰出的作家曾经说："在没有主见的年轻人中，最普遍的做法是：先向一位朋友征求意见，将征求来的建议采用一段时间；然后再向另一位朋友询问，照着他的答复运作一段时间；接着再去找第三位朋友……以此类推。"结果，这种做法导致的结果很不稳定，总是在变化。然而，请相信，每一个这样的本质的变化都将使事情变得更糟糕。可能会有人告诉你说，在你的生命中，有一些特定的职业不适合你。殊不知，他根本就没有注意过那些职业。实际上，不管你从事什么职业，只要坚持努力工作，一段时间后，你都会觉得所从事的职业适合你。

我们常常陷入这样的境地，认为周围的环境不适合学习，于是寻找借口逃离艰苦的学习。我们总是倾向于这样一种普遍观点，即时势造英雄——英雄们往往被环境所召唤，他们的性格也总是由环境塑造的；几乎每一个人都可能是伟大、果断、高效的，只要周围的环境不断苛刻地限制他，并持续对他施加压力。人生来是懒散的，这既自然又实际，他们需要外界强有力的刺激和巨大的压力来唤醒他们的潜力，唤起他们的动力。众所周知，只有很少的一部分人能取得非凡的成就，而大多数人往往平淡无奇。但是，有非凡成就的英雄们不也是处于某种环境之中嘛。如果不是形势变化，我们怎能既贴切又实际地说"时势造英雄"呢？看看约翰·弥尔顿[①]吧！是什么样的环境促使他成就伟业。失明使他远离天堂赐予人类的光明，他什么都看不见。大多数人会想，处在他的情况下，要是能靠唱小曲或者编筐挣钱养活自己就已经很不错了。但是弥尔顿却给他所处的年代、国家和语言带来了举世瞩目的成就。相比之下，总有人在呼喊，"我们没有良好的环境，没有机遇，没有工具，什么都做不了。"什么都做不了？是真的吗？听听名家、大师们对此都说了些什么：

[①] 约翰·弥尔顿（John Milton，1608—1674），英国诗人、思想家。英格兰共和国时期曾出任公务员。代表作：《失乐园》《论出版自由》等。

如果一个人真的热爱学习，有获取知识的渴望，那么，除了某些疾病或灾难外，没有什么能阻止他的学习进程，也没有什么能在某种程度上阻止他掌握好的学习方法。实际上，当人们抱怨缺少时间学习，缺少良好的方法时，他们只是在表明，他们要么是在追求其他的目标，要么是缺乏做学生的精神。他们习惯为他人鼓掌、喝彩，用羡慕的眼光仰望他人所取得的成就，而那些人恰恰就是努力学习的人。但是对于自己，他们却不愿花费哪怕是必要的时间或金钱去获取知识；或者，他们将这归咎于自己的谦卑，并在心底里为自己没有野心而感到庆幸。然而在大多数情况下，人们心中留存的要么是对世界无限的爱，要么是名副其实的懒惰。如果他们的性格中有更多的活力和果断，想弥补逝去的时光——那些没有被充分利用的时光——那么，他们就打开了财富的大门，还可以尽情地使用里面的金银财宝。如果他们非常勤勉，不断地完善对时间的安排，充分利用那些被浪费的时间，我敢预言，不出三四年许多这样勤奋的人就能在某些领域取得成绩，而且，这个预言一定能实现。当一个人在思考是否应该学一门语言，还在犹豫不决之时，别人已经学完了。这就是追求学术造诣过程中果断、活力与怯懦、犹豫、懒散之间的差异。在那些习惯拖拉、懒散的学生中，最糟糕的是当你跟他们摆事实、讲道理，使他们确信他们采取的方式不对、方向有误之后，用不了多久他们懒散、世故的习惯就会再次爆发，并在身体里起主导作用。斯图尔特教授曾说："判断有误的人总是听从别人的意见，结果在四十岁的时候，他发现自己仍然只具有三十岁人的水平；到了五十岁，他开始走下坡路了；六十岁时，他被认为很冷漠，于是，他变得愤世嫉俗，并以此回敬；如果他不幸活到七十岁，周围的人都为此感到不安，因为他没有机会进天堂了。"

5. 记住：对一名学生来说，成功背后的巨大秘密，是在于坚持忍耐之后的不断回忆的习惯，即回忆所有习得内容的习惯

我们已经探讨过记忆，在此我想谈谈它在具体学习中的应用。你是否曾经试着将某些想法、某些思虑从记忆中抹掉，却无法清除？你是否曾经试过努力回忆过去，或过去的某些片段，却怎么也想不起来？原因就在于，记忆喜爱自由，不喜欢被束缚、被强迫。那么，应采取的正确方法是尽量锻炼记忆力，而不是通过约束、限制使它日益微弱，因为它喜欢主动展示自己的力量。小孩子们往往主动学习拉丁文或希腊文，他们不用制订任何计划，仅凭听他人重复几遍就能记得很多单词。那些记忆语言很成功者的秘密几乎都是反复诵读，直到完全掌握。例如，记忆语法时，不能长时间只做同一件事情，而应该在学习时精力高度集中，然后重复下面的过程：反复地大声朗读课文，直到课文内容通过耳朵和眼睛进入大脑，然后把书放在一边，拿出笔，将所读的东西背着写出来。在这个过程中，眼睛、耳朵得到锻炼，大脑得到机会去思考每一个字的写法、读法和音调。开始时的过程可能会比较慢，但最终会实现既定的学习目标。这种方法既有助于掌握所学知识，还能激发勇气。至少，新的学习过程中出现的问题不会再像以前那样令人感到不寒而栗。

语法学习过程中的巨大困难在于相似的字或词，尤其是它们同时出现的时候，其相似性往往令人感到困惑。例如，我走进一家珠宝店，面前的一个柜台里摆了二十块手表，每块手表都有不同的名字。在当时你可能对每块手表的名字都有印象，然而，一夜之后你再区分它们就很难了。但是，假设你连续五天每天都去那家珠宝店，每天仔细验看其中的四块手表，听珠宝商具体介绍每块手表的特点和与其他手表的相异之处：第一块表比较普通，他向你解释表的运行原理并展示了表的构造；第二块表的控制杆很特别，他向你说明这块表如何与前一块不同；第三块是石英表，其零部件当然更不一样；第四块是航海表，同你以往见过的表截然不同。他告诉你每一块表的特点，还把它们放在一起比较。第二天，先回顾、回想他昨天告诉你的关于表的所有信息，每块表的名字、特点和价格，然后，再用同样的方法研究另外四块表。每天都重复同样的过程，先复习前一天所学的内容，再学习新的内容。最后，到第五天的时候，你已经能记住每一块表的名字和功能了。现在，用同样的过程和方法学习语法，就再也不会记混了，也不会忘记你想记住的东西了。

维滕巴赫[①]一学习起来就不知疲倦。他说，将不断复习的方法付诸实践"会为你的进步带来令人难以置信的影响"，但他还说："那必须是真正的彻底的复习，即不断重复地复习。

---

① 维滕巴赫（Daniel Albert Wyttenbach, 1746—1820），德裔瑞士古典学者。为现代希腊学术奠定了基础。

我的意思是，每天都要复习前一天所学的内容；在每周的最后一天，复习整周学习的内容；在每个月的月末，复习整个月的所学。而且，假期时应反复复习所学的课程。"这位伟大的学者一次又一次地对他的学生说："如果你愿意遵循我的建议，那么做一个类似的计划，每天花一个小时，或至少几十分钟去做这样的学习。"我想加一句，每天用一刻钟复习、回顾，纵然不会使人对毕生所学都记忆犹新，但却会使他的学习状况有所改善。开始培养这个习惯时可能很恼人，但那只是在开始的时候。"在阅读和研究色诺芬①的《回忆苏格拉底》时，我制定了一个规则：每次开始新的部分之前，都要重读前一部分。最后，用这种方法读完整部作品之后，再重新从头到尾读一遍。虽然费了三遍力气，但是结果证明这样不断地重复是对我最有好处的一个办法。当我读完两遍，开始新的一遍阅读的时候，我有一种冲动，要冲破一切阻碍读下去。我就像一艘战舰，得到船桨传来的动力，在水手们停止划桨之后仍然向前行进，就像西塞罗②对类似情景的比喻那样。"

6.学会利用多样性学习使大脑得到放松，而不是靠完全停止学习使大脑休息

没有谁能够做到长时间保持精力高度集中去思考问题或学习研究，因此，大多数人在休息放松时，总是将需要处理的事

① 色诺芬（Xenophon，公元前427—公元前355），雅典军事家、文史学家。他以记录当时的希腊历史、苏格拉底语录而著称。
② 西塞罗（Marcus Tullius Cicero，公元前106—公元前43），罗马共和国晚期的哲学家、政治家、律师、作家、雄辩家。

情抛之脑后，而不是想办法尽量节省时间。例如，学习《荷马史诗》或研究代数时，可能一次用时二至三个小时，然后身体就开始感到疲倦，大脑反应速度变慢。于是，你停止学习，将书放在一边，休息。休息的时间和学习的时间一样长。时间就这样被浪费了。在这个过程中有一点被忽略了，那就是——多样性和赋闲一样可以使大脑获得休息。放下代数书之后，当拿起罗马历史学家李维①或古罗马史学家塔西陀②的书，你会惊奇地发现，你的头脑很清醒，尤其是复习上一次学习的内容时。也可以在上次读过的书页边写一些心得或批注，然后将思路转移到下一个部分或作品上。这样做，可以节省大量的时间。

我们都想知道我们的祖先和现在的瑞典人是如何做到每天学习十六个小时的。若不是学习一个科目学到大脑疲倦后，换成其他方面的学习，使大脑感到放松，没有谁能够做到一天学习那么长的时间。这就是有效利用时间的人和浪费时间的人之间的差别。成就伟业的那些人几乎都采用这个计划。这应该能解释为什么一个人能同时拥有几个办事处，涉及不同的行业，各行业所需要的才能和努力也似乎没有太多联系，但他却能把不同办事处的业务和具体事宜处理得很好。他就是这样断

① 李维（Titus Livius，公元前 59 年—17 年），古罗马著名的历史学家。他写过多部哲学和诗歌著作。代表作：《罗马史》等。
② 塔西陀（Gaius Cornelius Tacitus，约 55—约 117），罗马帝国执政官、雄辩家、元老院元老，也是著名的历史学家与文体家。代表作：《历史》《编年史》等。

断续续地忙碌，断断续续地休息。

　　用这种方法，著名的古德博士在四十岁之前从职业职责和职业道德出发，不停地创作，发自内心地渴望工作，虽然辛劳，但他终于在论文写作方面取得了巨大成就，掌握了至少十一门语言，协助编写了十二卷的《通用字典》（*Universal Dictionary*），创作出著名的《巫术的研究》（*Study of Medicine*），还经常创作或翻译诗歌。他的《自然论》（*Book of Nature*）给读者留下一种富于变化、知识准确的印象。他没有因职业的多变和压力感到困惑，而是同时进行几项要做的事情，而且没有一项被忽视，或半途而废。克拉克博士说，"古老的格言'同时做太多的事情会得不偿失'是个巨大的错误。你不可能同时有太多的事情要做，所以，让手头的事情同时进行吧！"大脑飞速运转很快就能把空想的习惯击得粉碎，因为大脑异常繁忙，没有时间空想。就算某些学习和生活的变化不会给人带来任何物质上的收获，它却能给人带来一种满足感，一种在处女地上探索的满足感。

第四章
同窗友谊

　　"把孩子送到学校去，让他的玩伴们去教育他！"这是爱默生的名言。爱德华·埃弗雷特·黑尔① 曾经说过，在学校里一个人所能得到的最好的教育就是其同窗们所给予他的影响。对那些没有机会到学校去求学而在家中由家庭教师教育的孩子们，我总会感到深深地惋惜。我不是在贬低家庭教师的影响，从我个人的经历中，我更能明白在年少的时候教师所产生的强大的影响力和生命力。尽管如此我仍坚信，年轻人的生活水准和他们对待生活的态度在很大程度上受到他们同龄伙伴们的影响。

　　在年轻人发展的某些阶段，外部成人世界强加给他们的理想不会对他们产生过多影响，这一点与老师和家长们所想的并不一样。能深刻影响他们的是同伴们的观念和理想。从那个阶段过来的人都能感同身受，成人世界中的标准对于他们来说是多么的不真实。对于穿戴、言行举止等，他们对大人世界的

----

① 爱德华·埃弗雷特·黑尔（Edward Everett Hale, 1822—1909），
　美国作家、历史学家。

标准是那么不屑一顾，而对死党们的建议倒是言听计从。这一阶段可能会在不久后消失，但是对年轻人今后的生活会有巨大影响力，他们由此形成的判断是非能力不可低估。

在这些有利的影响中，最重要的当属珍贵的友谊。无私的内涵首先是从牢固的友谊中获得的。爱的本质是忘我。只有学会了爱，才能学会如何生活。高尚的友谊比任何其他的东西都更应该被人珍惜。这样的友谊应该受到鼓励，而且年轻人有大把的机会去建立这样的友谊。优秀的学校除了能够给学生提供有益的私人指导，更为重要的就是为学生们提供结交良师益友的平台。物以类聚，一个人如果内心高尚，自然会吸引那些具有高尚精神的人成为朋友，并且让他们留在你的身边。你今后会成为什么样的人，很大程度上取决于你现在选择什么样的朋友，因为他们会让你的性格产生倾向，而这种倾向与朋友们的性格是不可分割的。之后，当你回首往事，如果在你的生命中没有一群人曾经真切地存留的话，你就根本不会知道生活是什么。选择朋友不仅仅是年轻人生活中的幸事，诚然，任何年龄段的人都会面临选择朋友的问题。打开任意一本名人名言录，你会发现古今众多诗人、学者对友谊所做出的诠释。毋庸置疑，年轻的时候是公认为建立牢固友谊的最佳时期。这是因为逐渐成长之后，我们会更多地关注自己的事情，面对生活带来的种种压力，性格也基本成形，想要再接受他人和改变自己都是很难的事情。然而，处于交友的黄金时期的年轻时代也有弊端，即年轻人不能真正了解友谊的价值，因而无法享受友谊带来的快乐。

年轻时会荒废很多事情，其中失去友谊是最令人惋惜的。

太多的人在生命晚期才醒悟到自己曾经不假思索地抛弃了那些永远不能再得到的东西。拥有朋友和成为别人的朋友是上天赐予的最好的礼物。当你人到中年，发现由于自己疏于经营，年轻时的友谊渐次消失时，那将会是一件非常悲哀的事。

我们会根据自身的经历来确定自己的友谊观，因此友谊这个词对于不同的人具有不同的含义。对于有些人来说，这个词的含义随着年龄的增长会越来越深刻；而对于另外一些人来说则相反。我们对友谊的理解与我们自身的个性和我们的生活方式有着密不可分的关系。

理想化的人往往会追求理想化的友谊。而现实中很难寻找到这样完美的友谊。我们总是把我们自身的缺陷和弱点带入我们的生活中。"以我的观点看"，西塞罗这样说，"友谊只存在于有道德的人之中。"你有真正的朋友吗？可能你和你的朋友之间的友谊并不理想，但通过友谊，你们双方都会得到成长，进而使得友谊更加完美。如果你想要摆脱曾经在交友中的过失，只有两个人来共同承担才能使错误得以改进。如果你想继续前进去获取更高的道德，要靠双方的配合才能完成最终的胜利。没人能告诉你如何交友。因为朋友不是交的，是天生而来的。我们可以选择自己的快乐、书籍和职业，但我们却无法选择自己的朋友。我们只能发现他们。友谊的形成过程必定是潜移默化的，它也应该是这样的。为什么有的人总能看到你好的一面，而另一些人总看到你坏的一面？为什么有些人在你开口说话之前就能理解你，而有些人即使是在你解释以后仍然不理解你？如果我们要是能够回答这些问题，友谊对我们来说，就像理解数学公式那么简单了。对朋友的态度，只能像蒙田 ① 说的那样："我爱他是因为他是他，而我是我。"有些人通过直觉选择朋友。如果直觉正确，并且相互间的兴趣可以相互适应的话，那么他们就可以成就亲密而长久的友谊。

友谊的基础是个性。你能够给予朋友的，也就只有你的人格魅力而已。因此，你必须对自己要求很高。除了不断丰富的人生阅历之外，你还有什么可以给予你的朋友的？对朋友仅仅有善意的用心和动机是不够的，还必须有所表现和行动。你可能不止一次问自己，我是否配得上这样的友谊？你目前对朋友感兴趣，可是你做什么才能使兴趣持续保持呢？

缺少交友能力的人最终将失去对方。他们常常表现得不真诚。不真诚的人不可能也不应该被当成朋友。交友中比不真诚更可怕的缺点是自私。自私是不分主动和被动的，其主旨就是以自我为中心。这种人不知道如何进入别人的内心。不能真诚地与别人分享他们的喜怒哀乐，我们说有的人有交友的天分，能够感知到别人的兴趣爱好。要想交朋友，除非你真正在意别人的心思，否则别人根本不会相信你是这样的。

人们应该培养交友能力或者努力成为别人的朋友，这样做是值得的。"有个朋友快乐成双，痛苦减半。"说出这样的话的人对此是深有体会的。《传道书》一书的作者说："两个人比一

---

① 蒙田（Montaigne，1533—1592），法国在北方文艺复兴时期最有标志性的哲学家，以《随笔集》三卷留名后世。《随笔集》在西方文学史上占有重要地位，作者另辟蹊径，不避嫌疑大谈自己，开卷即说："吾书之素材无他，即吾人也。"

个人好。因为如果两人陷入困境，他们可以互相帮助；但是如果互相背叛的话，一旦遇到困难，他将会成为孤家寡人，因为没有朋友会去帮助他。”无论你做什么，首先要向你的朋友表明你的真诚，做真正的自己。在关键事情中的任何欺骗和隐藏都会造成无法挽救的伤害。是否认可一个朋友你有决定权，但是一旦认可他，你就要向他坦露真诚。真诚不仅仅影响朋友之间的关系，而且会影响我们与其他人的关系。洛夫莱斯①的双韵体诗让每个将交到新朋友的人记忆犹新：

> 亲爱的，我就不配真爱你了，
> 如果我不更爱我的荣名。

　　如果双方没有信任，友谊是没有办法继续下去的。把对方的兴趣看成是自己的兴趣一样去照看与呵护，这才是作为一个朋友应该做的。我们会从大量的历史人物的友谊中得到启示，例如大卫王②与约拿单③的友谊，卢德④与纳敖米⑤的友

---

① 洛夫莱斯（Richard Lovelace，1617—1657），英国著名诗人。

② 大卫王（David），公元前 10 世纪希伯来王国的第二任国王。

③ 约拿单（Jonathan），《圣经·旧约》中记载的一个人物，是以色列第一位由上帝耶和华膏立的国王扫罗的长子，原王位继承人，也是以色列历史上第二位君王大卫王的朋友。他后来在一场与非利士人的战争中与父亲扫罗王一起阵亡。

④ 卢德（Ruth），生活在大约公元前 1100 年的一位摩押族中东女子。以色列历史上的英雄人物大卫王的曾祖母。

⑤ 纳敖米（Naomi），卢德的婆婆。

谊，丁尼生 ① 与哈勒姆 ② 的友谊。你的友谊能否与他们当中的任何一个相提并论？相比之下，是否觉得自己的友谊有些幼稚？最伟大的友谊是一块试金石。对待真正的朋友，在背后恶言相加是不可想象的，嫉妒对方，或者以这样那样的方式凌驾于对方之上，都不是真正的友谊的做法。忠诚能够走多远？我们都记得耶稣的回答，当有人问他："我已经原谅我的兄弟70次了，我还得宽恕他多少回啊？"耶稣说："70次。"意思是，我们对朋友的谅解和宽容是无限制的。你对朋友的忠诚同样也是没有极限的。它只取决于对方的需要和你的力量。

当然，朋友间应该有共同的兴趣、互相信任和自我展现。通常，你愿意与一些好伙伴分享你的快乐，但是在某些重要时刻，你却与他们保持距离。你和其他人分享你工作中的故事，或者生命中特殊的兴趣，但最深刻的体验只会与你的知心朋友倾诉。他在最关键的时刻理解、尊重和分享你的理想，他能理解你人生最基本的意图。只有能够将分享彼此最好的部分袒露给对方的友谊才是至高无上的。

我说过朋友之间必须有互动。不要犯那种强迫朋友信任你的错误。如果你没有打开朋友心房的钥匙，那就去磨砺自己，使自己对朋友有价值。这种给予必须出于自愿，否则便是徒劳的。给予的同时我们从对方那里汲取出塑造自己的力

---

① 丁尼生（Alfred Tennyson, 1809—1892），华兹华斯之后的英国桂冠诗人，也是英国著名的诗人之一。

② 哈勒姆（Arthur Hallam, 1811—1833），英国诗人，丁尼生的亲密好友。

量。互相信任能消融嫉妒。你的朋友没有义务向你解释和说明他的所作所为。人生充盈着无数机遇，因此对方也不会只局限于一个关系上。如果你的朋友的圈子不断扩展，你应该尊重他与其他人之间的交往。

一份名副其实的友谊会让你随时获得耐心、友善和自我控制能力，因为爱是最伟大的老师。当一些不耐烦的话脱口而出的时候，你是否及时省察过？对那些挑剔我们错误的陌生人，我们尚且回报以友善和客气，那么对于那些包容我们缺点的朋友，我们是否同样对待了？有时我们的想法何等奇怪啊！对方的爱把我们豢养得有些粗鲁。即使你偶尔犯了错误，你的朋友仍然是爱你的，但其他人则不会。刚愎自用或者自私虽然可能不会让你的朋友离你而去，但是你们的心灵之间却因此而不再紧密。

朋友之间应该是平等的。我不是说爱不能超越生活、年龄和教育。我只是说如果有一方是寄生虫，一味索取不付出，这样的友谊是危险的。

爱默生在一篇名为《友谊》的散文中说了一句至理名言：朋友是能够成就你的人。朋友不是鸡蛋里挑骨头的人，但却有义务为朋友提出更好的解决问题的办法，并由此来指出他的缺点和不足。作为朋友要善于发现对方身上的缺点。"真正的爱是不能容忍对方身上有任何瑕疵的。他们总是模糊了灵魂深处的视线。"

另一方面，朋友是能发现你闪光点的人，当你怀疑自己时，他们能够坚定地指出你的优点。有谁会不需要这样的朋友吗？当我们沮丧失意之时，当我们的信仰跌进谷底之时，真正的朋友会来到我们身边，他们的信仰会让我们重新找回生活的平衡点。当这种信仰注入我们自身当中、注入我们生命的力量和种种可能性当中的时候，那会是一件多么令人惬意的事情啊！当机会来临之时，如果朋友之间不能相互鼓励的话，那么他们就错失了真正的友谊给人带来的幸福。爱着的人知道爱情不是盲目的。爱有最真实的视野。

如果你想了解一个人，不要找恨他的人了解情况，要去找爱他的人。然而爱可能会蒙蔽我们。对朋友的缺点视而不见不是帮助朋友改正的方法。如果你挡在朋友和他应为所犯的错误接受惩罚之间的时候，你实际上是阻止了他最重要的一次成长。如果你的爱是贫乏而狭隘的，你会不断地迫使你的朋友去关注他自身的乐趣而无视他人的爱好，如此一来，便在无形之中扼杀了他内心无私的冲动。如果彼此之间以这样的方式相处下去，你会发现你们双方的无私的爱和仁爱的感情都会渐渐消失。任何互相爱着的两个人都应该珍惜这种为对方忘我付出的精神。

友谊与世间其他事物一样都会有果实。"人们不能在荆棘上获取葡萄，也不是从蓟花上摘取无花果。"一份有质地的友谊之果是人生的至高理想和责任。如果一份友谊使你对其他义务变得漠然，并且使你不再听从责任对你的召唤，那么你要警惕一下了！如果你对一个人的爱使得你对其他人的爱减少或淡漠了，那么这样的友谊不是至高无上的。友谊可以延展心灵的领域而不是约束它。任何有狭隘感和排他感的事物都是一种阻碍。你必须极其真诚地尊重与敬畏你的朋友，并通过尊重朋友而使得人性更加崇高与高贵。

> 一切事物都因你而变得更加高贵，
>
> 向天边远眺，
>
> 生命的磨盘映入眼帘，
>
> 你的价值如阳光大道一般。

　　情感因素在友谊中处于一个怎样的位置？可以肯定地说，它不占据重要的位置。在最丰富和持久的友谊关系中，比情感更重要的因素还有很多。当然，这种关系中并非没有情感的参与。但是，过度强调感情的危险在于会使友谊沦为纯粹的多愁善感。也许你会问，在友谊中，什么是比感情更重要的？比情感更重要的是逐渐产生的精神上的契合和统一。一种被对方完全理解的感觉。一种能够在任何生命的紧急状态下彼此依赖的忠诚。

　　如何成为一个真正的朋友需要经年累月的学习，同时一些困苦的体验会教会你如何欣赏和感激你的朋友。有时，当我们回想蹉跎岁月时不禁感叹："早知当初那样做的话，生活会是多么丰富和幸福啊。"有时候，在我们意识到朋友的价值时，他们已经离开我们了。当我们独自静坐沉思时，是否痛心地想到我们曾经因疏于衡量朋友在我们生命中的价值所犯下的每个过失？

　　如果你想成为一个真正的朋友，如果你不想付出巨大的代价而从现在做起开始欣赏你的朋友，那么先问自己几个探寻性的问题。你是否更在意从友谊中能获取什么或者投入什么？你会更多地考虑提供服务还是被别人服务？你是否想知道你的朋友是否足够爱你，而你不能再多爱你的朋友一些了？你是否从没有想象过你自己被朋友忽视或者误解？如果你这些都做得好，那么你也就在逐渐靠近真正的友谊了。以友谊著称的菲利浦·布鲁克斯 [①] 说道："世上再没有什么比两个朋友的人格成长更美好的事情了。当他们一起慢慢变老，会更深刻地理解彼此的人生。"

友谊有代价吗？答案是：有。这个世界上，凡是想要获得好的事物都是要付出代价的，也只有愿意付出代价的人才能得到它。最长久和至高无上的友谊形式只存在于最高层次和最优质的人性中。友谊的代价如此之大，以至于没有人会或者说没有人能够承受得起它的代价。代价是什么？这才是关键点。问题是谁也无法在事前预知。无论代价是什么，真正的朋友都随时做好了付出代价的准备。为真正的朋友做出牺牲永不嫌多。

然而，遗憾的是，尽管无须任何一方付出英雄般惊天动地的高昂的代价，可有许多友谊还是遭遇触礁。能够维系它存活的东西其实很小、很简单，但是却很多。毕业后，当同学们各奔前程，继续保持书信往来是一项相当花费时间的事情。你的

---

① 菲利浦·布鲁克斯（Phillips Brooks, 1835—1893），美国哲学家、
作家和神学家。

友谊是否值得你为其这样做？渐渐地，如果新情趣、爱好进入
你的生活中，友谊就更不容易维系下去。因为如果想要发展友
谊，分享相同的兴趣爱好是不可忽视的，保持诸如赠送生日礼
物、圣诞纪念品的习惯等，都需要在这个繁忙的世界里占据大
量的时间。由此，原本紧密的心出现了裂缝，而且变得越来越
大，渐渐地，彼此沉默无言。这不是一个值得欢呼雀跃的经
历，但它的确是原本被人笃信会天长地久的友谊中出现的一
件刻骨铭心的大事件。一些小时候结下的友谊往往成长得很
快，它们成为我们生命中最美好的事情。它是我们“儿时珍
藏”的一部分。但是如果我们意识到我们现在所做的事情，你
会发现放弃了一份份纯真的友谊是多么的不可思议。

　　除非你很细心并且充满爱心，否则你的老朋友会一个接着
一个从你的生活中溜走，最后消失得无影无踪。我敢打赌，会
有那么一些朋友留下来。他们应该是真正爱你的人和将来也会
爱你的人。“相知有素的朋友，应该用钢圈箍在你的灵魂上。”
永远不让他们离开。如果你期待与他们在一起，那就对他们耐
心点。对他们无数次的疏忽表示出宽容的态度，对自己说，它
们仅仅是表面现象。以这种方式去互相承担责任并忍耐对方的
朋友，你们会发现这份友谊随着岁月的增长而变得越来越深厚
和坚固。

第五章
与人相处的艺术

你或许会认为与人相处不能算是什么真正的艺术，但它确实就是一门最难的艺术。通过提早学习，我们可以避免很多不愉快的经历。如果我们是很难相处的人，那么我们可能得到灾难性的惩罚。我们都知道有的人一进门就带来一片阴云，有的人却带来一片阳光。曾经有人谈起我的一个很有感染力的女性朋友，作了如下评价："当她走入走廊的时候就仿佛一道亮光划过。"波士顿每日新闻曾经有这样一则新闻："昨天还是阴云密布，但菲利普斯·布鲁克斯经过报摊之后就阳光灿烂了。"不用多说，这些人一定很好相处。

一个人可能真诚、友好、善良，但由于缺少所谓的亲和力，他可能就会难于相处。道德是性格的基础，但仅有这些还是不够的。正如《圣经》作者指出的那样："小狐狸毁掉了整个葡萄园。""小狐狸"指的是性格中的瑕疵，当时你可能注意不到它们，但它们却在慢慢滋长。就是这些"小狐狸"让我们不愿接近那些有瑕疵的人，而愿意与那些让我们感觉舒服的人在一起。如果一个人没有牺牲精神，那么想让别人喜欢上自己则是一种奢望。做一个给别人带来阳光的人不仅是你的权利，还是你的责任。这样一种简单的状态让人非常喜欢，很多人不断地在追寻这种状态，并愿意用任何代价去交换，只为得到它。

有些人敢于以正确的方式说出指责的话，我们要对这样的人给予赞扬。赞扬他们能够在正确的时间以正确的方式给予我们建议和提醒。在我们犯错误的时候，我们需要更多能够指出我们缺点的朋友，并帮助我们克服这些缺点。他们甚至会冒着失去这份友谊的危险来提醒我们，目的是为了帮助我们成就最好的自己。但是这世界上有多少人指出我们的错误的目的是出于能够让我们有更好的发展呢？你会发现，朋友发现了你的错误并指出来，更多的时候就是为了发泄他们心中的愤怒。下次当你发现朋友身上的缺点并想指出的时候，你应该先问自己两个问题：首先，发现和指出这些缺点有什么好处吗？其次，我是以正确的心态在做这件事情吗？只有当这两个问题的答案是肯定的时候，你才能去指出缺点，否则还是沉默是金。另外，批评应该是伴随着表扬的。有些人会发现我们的优点，并肯定我们的优点多于缺点，我们能够从这些人那里受益匪浅。

另一个值得注意的"小狐狸"是摩擦、吵架和拌嘴。当我们接触它们的时候我们才会发现，而且我们时常是在自己身上很震惊地发现这一点。这一点在爱的氛围中体现得最为明显。爱我们的人包围着我们，并且总是原谅我们和支持我们，这样就给摩擦和争吵滋生了温床。陌生人是与这些东西绝缘的，我们也不能要求人家去接受这些。它是个潜在的、很微妙的险情，以至于我们常常意识不到它的到来。它首先从一些不正常的身体特征方面展现出来。健康活泼的孩子是不会哭闹的，只有那些生病不舒服的孩子才会嚷叫。摩擦往往就是躁动不安的开始，它在寻找发泄的牺牲品。

那些熬夜、不经常运动、饮食不规律的女孩要对自己糟糕的身体负责，因为治病的良方其实就在她们自己手里。夜深人静，你是否会感叹人生充满了困苦，你的命运是如此的不幸，而第二天早上一觉醒来却发现在这五彩斑斓的世界中，你的命运是光明的，生活中没有必要去证明自己。其实最重要的是让你的身体在每分每秒里都处于一个良好的状态。在工作和休息之间做好转换，劳逸结合，有充足的时间休息和娱乐，另外在长时间的劳动之后应该适当调节一下，以保证身体状态良好。在这一过程中，你就会发现自己变得冷静而自制力强，这样也就在一定程度上避免过于浮躁。

你的脾气很暴躁吗？如果是这样的个性，除非你能控制你的情绪，否则很难与别人相处。脾气的释放就像是一阵闪电划过，一团烈焰燃烧。它是瞬间的东西。然而，在这瞬间之中有什么说不出来、做不出来的呢？你已经不是你自己了，你已经失去了理智。你有没有在你情绪爆发的时刻，伤害了你在这个世界上最爱的人呢？对于那些给你最宝贵建议的人，你是否失去了对他们的尊重，你有没有一时冲动，说过一些气话，然后再用人生中好几年的光景去回想，后悔自己不该说出那些话？如果是这样的话，比这更糟的是你失去了尊严。还有什么比由于失去控制而做了或者说了一些事情但第二天却懊悔不已

更可笑的呢？记住，没有什么能比乱发脾气可以更加让人失去
对你的尊重。如果你不能控制自己的情绪，你就会被认为是个
缺乏平衡、尊严和力量的人。

> 如果能够，希望把它们收回，
> 如果能够，希望把它们收回，
> 那些脱口而出的充满愤怒的话，
> 如果能够，希望把它们收回。

但是"希望"只是希望，并不能收回那些说过的话或做过
的事。我们唯一能做的就是接受教训，今后做自己情绪的主
人。"能够控制自己的人要远远卓越于那些统治一个城市的人。"

如果你是个脾气暴躁的人，不必抱怨反而要感激这个事
实。因为这说明你有热情，有激情，有想达到目标的冲动和
欲望。不要试图与那些木讷散漫的人互换角色。你要控制情
绪，而不是让情绪去控制你。我们并不艳羡那些不会发脾气的
人。当我们阅读名人传记的时候，时常会发现这样的话："他
拥有强大的愤怒的力量。"难道真的是所有伟人都有这种潜质
吗？乔治·华盛顿① 很少生气，但它一旦爆发起来就像一团熊

---

① 乔治·华盛顿（George Washington，1732—1799），美国国父，
1775 年至 1783 年美国独立战争时的殖民地军总司令，1789 年成为
美国第一任总统（其同时也成为全世界第一位以"总统"为称号的国
家元首），在接连两次选举中都获得全体选举团无异议支持，一直担
任总统直到 1797 年。他也是一名共济会成员。

熊烈火一样强大。我们都知道林肯[1]的故事。当他看到奴隶市场的一幕时，他勃然大怒，说："如果有机会，我一定会重重地打击这种制度。"后来他果真这样做了。圣·保罗说："生气不是罪。"耶稣基督用鞭子抽打那些投机倒把的人，并把他们赶出神庙的时候，人们目睹了他曾不止一次地大发雷霆的场面。别人错误的举动会让你热血沸腾、暴跳如雷，或者当总有些小事烦扰着你而你还要刻意控制自己的情绪时，此时很有可能让你的愤怒倾泻而出。

控制自己的情绪并不难，你所要做的事情是将它养成一种习惯。一些安静、沉稳和自我控制力强的人偶尔也会发脾气。

以自我为中心的这种性格破坏了很多友谊，也造成了很多家庭的不和谐。这是一种坚持自己行为方式的表现。如果一个人坚持执着地以自我为中心，他通常都会达到自己的目的。因为其他人不会持续地反对无足轻重的事情。在中年以前，人们会说，这就是他的行为方式，他就是独断专行。这种倾向表现为对最终决定权的青睐。谁没经历过家庭中因琐碎小事而发生的激烈争吵？争吵的一方说，事情发生在周一，另一方说，发生在周二，直到最后，大家都不知道当初争吵的焦点

---

[1] 林肯（Abraham Lincoln, 1809—1865），第十六任美国总统，1861年3月就任，直至1865年4月遇刺身亡。林肯领导美国经历其历史上最为惨烈的战争和最为严重的道德、宪政和政治危机——南北战争。经由此役，他维护联邦的完整，废除奴隶制，解放所有奴隶，增强联邦政府的权力，并推动经济的现代化。也因此美国学界和公众时常将林肯称作是美国历史上最伟大的总统之一。

是什么了。在你和朋友的相处中，有没有一方在分歧中占据压倒性的优势？如果有的话，那么要小心了。这种情况对双方来说，都是一种潜在的危险。在你的家庭生活中，是否有一方在所有计划的制订中都具有最终的决定权，并左右所有的行为过程呢？如果有，那么这一方就会有成为专制者的危险了。

如果我们想在社会这个大家庭中美好地生活，那么就不要过于谨小慎微和苛求。我们都有自己的缺点，这一点在那些有着较高理想追求的人的身上也有明显的体现。我们永远要对自己感到不满。一个有激情、追求完美的人是永远不会感到自满的。我们也应该在适当的范围内要求别人做到最好。但是我们有多大的权利要求他们和我们在同一水平线上呢？我们并不了解他们生命中的动力源泉——他们之所以这样做的原动力。你是否给朋友传递了令人不自在的感觉，即你一直对他们很失望？如果我们要在周围的人中扮演导师的角色，那么善意、怜悯之心和一定的策略是必要的。

不能包容别人的人是很难相处的。我指的不能包容别人，是指这种人很难从别人的角度理解问题，而只是透过自己的视野看待问题，认为任何异于自己的观点都是错误的。年轻人一般很难包容别人。随着年龄的增长他们会逐渐学会包容。如果你是一个思维严谨、稍显刻板的人，请不要决绝地认为那些活泼好动的人都是轻浮的。如果你是活力四射的，那么请不要认为所有严肃的人都是愚蠢的呆子。当你尊重别人的时候，要尊重他们的观点，以及他们这种观点产生的原因。我们需要更多对彼此的信任。教堂里不一定都是好人，也不是在你的父亲所在的政党队伍里的都是诚实的人。

在彼此的交往中，不客气、不友好是对友谊很不利的。我是指所有不具有绅士风度的、不友善的、不文雅的态度。粗鲁和不忠一样都会扼杀感情。对我们最亲近和最亲爱的人，我们也要有友好和适度的客气，就像我们对待一些萍水相逢的陌生人一样。你可能会说："我在家里就是要做自己。我想说些什么就可以说些什么，我可以跟着自己的感觉去做事情。"然而，做自己不是不注意自己的言行举止，也不是将自己脑中所有不善意的想法一股脑宣泄出来。家是你可以穿着休闲睡衣和舒适拖鞋的地方，而不是争吵的地方。能赢得朋友是一件很了不起的事情，但能保持住友谊却是更加伟大的。

> 志同道合为先，
>
> 否则一切都不能确定，
>
> 首先关注彼此，
>
> 第一眼看到彼此的行为是一样的，
>
> 都是举止谦虚礼貌，
>
> 这样会避免我们堕落。

最后，自私的人是没人愿意与之为伍的。自私是这个世界中的万恶之源。自私是一个潜伏着的敌人，它会侵蚀我们每一个人。在家庭生活中，务必要养成无私的习惯，否则将永远都无法发展和培养出无私的性情。在家庭生活中，时时刻刻都有机会实践无私的做法。再没有别的地方比家里更能提供机会去关注他人的需要，并随时提供无私的帮助的了。再也没有别的什么地方比家里更适合牺牲自己的快乐换来大家的愉悦的场合了。然而，其实只要有人居住的地方，就有机会去实践这种品德。

总是有一些狡猾的"小狐狸"糟蹋葡萄藤。总会有这样一些人，他们苛求、吹毛求疵、易怒、以自我为中心、不友好，然而他们诚实地生活着，并在这个世界上小有作为。然而，如果他们能够使自己的言行令人感到惬意的话，他们所取得的成绩可能更加卓越，他们也可能更加幸福：人们跟他们生活在一起也会更加愉快和舒服。

请允许我具体解释我在这个话题上的观点，它们在很大程度上是正确的。好的建议在给出的时候，往往越具体越有价值。

1. 在处理琐事的时候，既不要浪费自己的时间，也不要浪费公司的时间

大量关于琐事和无用的事情的谈话，常常使明智的人感到厌恶，这使谈话变成令人反感的事情。结果，经常谈论琐碎事情的人总有一天会被公司辞退，无法在社会上立足。他无法花几个小时的宝贵时间去聆听别人讨论具体的事情。他不喜欢加入讨论，只是默默地坐在那儿，直到最后一个人离去。现在，我不再为仔细地挑出他人哪怕是极其微小的错误而鼓掌。与此同时，我会尽力使自己认为那些人是在开玩笑，于是通过平缓、浅显的谈话，询问对方是否意识到他正在将明智的人一步一步赶出自己的社交圈子。但是，他不应该退却，他应该有勇气逆转自己的这种趋势。你不应该仅因为其他人谈

论的是琐碎的事而坐在那儿默不作声。在许多圈子里，你至少能发现一个人，他愿意同他人交流，在这个圈子里发挥主导作用。找到他，提出你的困惑，他将非常愿意提供你所需要的信息。在一个圈子里，如果没有多少人愿意通过谈话受益，那么你就应该承担起这个任务。你不应该抱怨你所在的公司乏味、没有生气，而应该加入到谈话中，使更多的人通过谈话受益。令人遗憾的是，那些头脑聪明、天资聪颖的人的数量在公司里看起来微乎其微，尤其是当他们应该引领谈话朝正确的方向发展并使在场的人对该话题感兴趣时。谈话应该朝着有建设性的方向发展，而目前这种实践却少之又少。

一个被迫大量学习和思考的人在这种情况下是极其危险的，因为，当他步入社会后，他忽略了学习，忘记了他曾经的思考轨迹，于是他的精神不再富有伸缩性，而是平淡无奇。接下来的问题是，他忘记了应该用知识和天赋引导、启迪他的圈子中的朋友。我的意思不是让你尽力垄断谈话，炫耀、显示自己的才华与成就，而是你不应该浪费自己的时间，也不应该浪费那些耐心听众的时间，让他们听你口不对心的话，听你翻来覆去、浪费时间的言辞，听那些对个人提高没有任何帮助的胡言乱语。不要做任何貌似权威的事情，记住，任何妄图依靠窃窃私语使自己在社会上立足、获得承认的人都是不明智的。谈话本来应该是令人愉悦、给人以美的享受的，但是，如果你总是邀请别人吃蛋羹和冰激凌的话，谁还会感谢你呢？你在一个公司工作一段时间后，离开时，如果你不能给人留下一种印象，即你通过工作比刚来的时候更明智，或使其他人更明智，那么，出问题的不是别人，而是你自己。

2. 在公司里，不要背后诋毁他人

不管你今后供职的公司大还是小，你都应该记住，一旦你在某人背后说了他的坏话，这些话总有一天会传到他的耳朵里。那么，你就犯了一个天大的错误，复仇者早晚会找上门来。

人类世界有一个普遍的偏好，就是诋毁同类，或者抛出一些有暗示性的东西，动摇同伴们中肯的观点。诋毁他人的人欺骗的其实是自己，人不可能永远欺骗他人。他们总是想着推推这个，挤挤那个，剥夺对自己无用者的荣誉，并认为这是一种善事。我记得，曾在狄奥多罗斯[①]的作品中读到过一段关于一种活泼小动物的描述。如果我没有记错的话，那种小动物叫作姬蜂。姬蜂整整一生都在寻找鳄鱼蛋，并把那些蛋弄碎。这种本能令人难以忘却，因为姬蜂并不以被弄破的鳄鱼蛋为食。关于姬蜂的描述非常少。据历史学家所说，要不是姬蜂的辛勤劳动，现在埃及到处都是鳄鱼；埃及人不会自己去毁灭那些可畏的生灵，因为他们像敬神一样敬拜鳄鱼。人类社会中，那些诋毁他人的人，是否经常庆幸自己冷漠得像姬蜂一样，并认为自己在做有益于整个人类的事情呢？他们也许经常这样想，但最终被欺骗的只是他们自己。其他人会怎样看待他们呢？很多人都知道，如果你成功地诋毁他人，你就能获得被诋毁者的地位或荣誉。出于同样的想法，鞑靼人不惜一切代价残杀那些天资

---

① 狄奥多罗斯（Diodorus Siculus），公元前 1 世纪古希腊历史学家。
据狄奥多罗斯自述，他生于西西里阿吉拉。代表作：《历史丛书》等。

聪颖、成就非凡的人，这样鞑靼人的聪明和他们所获得的社会地位就会永远至高无上，这种尊贵和权威会一直延续到他们生命的终点，当然，被杀戮者的财产永远归鞑靼人所有。如果这一理论是正确的，鞑靼人则应该向那些沉迷于用恶毒的话从背后攻击他人的人表示歉意，因为，这一理论使人在很多时候将占有别人优秀的东西看作是生活的唯一希望。你诋毁他人时所说的话，不仅会传到被诋毁者那里，也会使反对他的一些人对他有成见。很多人都喜欢听别人诋毁别人的话，只要被诋毁的不是他们自己就行。往往称赞人的话，十句里面几乎没有一句能被记住；而贬低人的话，不用多，只说上三两句就会被记住。正所谓"好事不出门，坏事传千里"。所以，千万不能在背后诋毁别人。对于正直的人来说，诋毁别人的话会在自己的良心上留下擦不掉的污点。你千万不要用轻蔑的口气背后诋毁别人。当别人犯错误的时候，应使用不会被误解的语言告诉对方，错在何处，应如何解决。"凡是那些醉心于挑剔、嘲笑自己最亲爱朋友的细小缺点和弱点的人，在将来的某个时候会发现他周围所有的人都在反对他。任何一个用卑鄙的手段将别人置于被嘲笑境地的人，在他短暂的笑声过后，冷静思考时，也会认为以后一定要警惕类似的手段被用在自己身上。但是，当没有这种危险的感觉时，人性中那种很自然的骄傲就会滋生蔓延。"除非你将自己的注意力特别集中在这一主题上，否则你很可能意识不到有多少这样刺目的箭射向那些不在场的人。

一个诚实的家伙被介绍进入乡村中最时尚的一个圈子里，他既不见多识广也不才华横溢，却很受欢迎。但是，他有一个屡教不改的毛病：他总爱待在房间里，直到只剩他自己一个人时才离开。终于，有人很直白地问他，为什么总要待到最后。他带着那优美诚实的本性简洁地回答道："刚有一个人离开，他们就开始在背后诋毁他。"于是，他必然认为一直待到没有哪个人留下来诋毁他时才是明智的选择。

3. 小心阿谀奉承

奉承你的朋友和熟人的习惯对你自己的性格会有不良影响。它给你自己带来的伤害比给其他人带来的要多。人们能够透彻地理解，那些有奉承他人习惯的人总是期望得到同样的回报，对于其他的各种利益也是如此。这绝对不同于私下里给你的朋友以鼓舞。谄媚的话语通常在公共场合出现，为的是让在场的其他证人听到，但是，明智的鼓励总是私下里表达的。如果人们奉承你，你会觉得应该为了他们做某些事情，为了回报他们的奉承，你一定会那么做。因为你清楚地知道，你没有其他任何办法取消他们强加在你肩上的这种"责任"和"义务"，因为除了这个没有一个报偿能够令他们满意。这样，你就雇用了其他人帮忙把你变成一个很容易上当受骗的人。他们不考虑实际情况，任意夸大你的优点和长处。然后，出于一个很明显的原因，你戒绝了被别人奉承的奢华享受，尤其是不再寻找这样的珍珠了。如果不是彻底地看到那动机，你万万不会那样做。当年轻人明明知道那个乱涂乱画的人只是虚情假意时，却还是贪婪地吞咽那虚假的赞美，看到这些，你可能会非常惊讶。我们是多么热衷于别人的赞美，甚至当我们知道自己配不上那些称赞时也紧紧抓住它不放，这足以使我们自己惊讶得目瞪口呆。约翰逊这样解释该事实背后的人生哲学。他说："被奉承总是愉快的，即使我们知道赞美者根本就不相信那些称赞之词。但他们至少能够证明我们的力量，表明我们的善行受到尊重，当然，只用些卑鄙的谎言就能买到这些言辞。"若赞美他人只是一种愿望，只是为了给予他人较高的评价，那么，这就是传说中慷慨的标志。我对此没有任何疑问。对于这样的愿望，我认为无可厚非。

4. 绝不可在庄重面前露出你的轻浮

步入社会后，进入一个成员混杂的公司里，不应伤害任何一个人的感情。用轻浮对待任何一个庄重的主题都是不现实的。那样做绝不是智力水平的标志，也不是免受歧视的标志，更不是良好素质的标志。它只不过展示出一种没有责任心的心灵。凡是轻浮地谈论他最好的朋友或与他有关的一切的人将会很容易向诱惑屈服，还会以同样的方式对待他俗世间的朋友。他们的内心自私，不适合做你的知己。面对庄严的事情，举止轻浮或处事草率将会毁掉你的品质或其他任何一个人的品质。

在规范的公司里，这样的景象很少见，就像读者们不会贬低他们感兴趣的、对他们有好处的书一样。当你听说有人在使用轻浮的语言时，你可能得出结论，他内心盛装的是毒蛇的巢穴。反过来说，其中的每一条毒蛇都是他的主人，他这个可怜虫在用自己生命的血液喂养他们。

5. 引入谈话的主题时要小心谨慎

有些人总是在狭小的领域里运动，他们思考的范围也很狭小，以至于你总能预期同样的谈话主题和重复了一遍又一遍的故事，周而复始，没什么变化。如果你有一个特别喜欢的话题，你肯定会不知不觉地采用这个习惯。没有比这样的谈话者更无聊、更讨厌的了。同样的一场谈话在你面前重现，同样的恭维被重复，同样的玩笑被引入。

有些人特意重复同样的话题，他们认为这些话题会令你喜欢。他们通过谈论那些他们认为会令你愉悦的话题来奉承你，就好像他们邀请你进餐，然后，往你的盘子里放一些奇怪的食物，虽然他们自己和其他的伙伴不喜欢这些食物，但却假设你喜欢。这比侮辱你还糟糕，因为面对傲慢无礼的侮辱你可能已经没有了怨恨和不满。例如，如果一个人从宗教的角度出发，以为我是一个加尔文教徒，于是，每次遇见我他都会极力赞美约翰·加尔文①，或者称赞清教徒。但当我得知他从心底里看不起这两类人时，我决不会因他承受这些痛苦取悦我而向他表示感谢。如果他诚恳地渴望得到有关我喜好的信息，或其他我所喜欢的话题，那么，通过给我机会谈论我所知道的事情，他为我做了一件好事。但是，如果一个话题被牵扯进来，不停地重复，那么没有什么比这更让人恶心的了。有些人在这方面放纵自己，那么对他们的谴责将是严厉的，但也是公平的。有一个人总认为他的朋友特别喜欢谈论《圣经》中的人物，于是利用一切机会将话题转到这个方面。对于其中的一种情况，他说："我敢肯定，这个力士参孙的力量之大，可以用

---

① 约翰·加尔文（Jean Calvin, 1509—1564），法国与瑞士著名的律师、牧师，宗教改革时代的神学家，新教的重要派别——改革宗的创始人。

'前无古人，后无来者'形容。"在另一种情况下，他说："不是这样的，不是这样的，你自己就是那个比力士参孙还强壮的人。""怎么会是那个样子呢？""哇！你居然拉头拽肩地把他拉了进来！"

谈话是精神的盛宴。你不必期望在某个角落有一张专门为你摆放的小桌，你将和大家一起围坐桌旁，享受这美好的宴席。记住，令你不快的盛情款待同样会令其他人感觉不愉快。一定要小心地避免粗鄙的做法，因为它总是给人带来痛苦。

当介绍自己成为一个话题时，要尽量少地使用语言。我们总是处于这样的危险之中，随着年龄的增长，这种危险的可能性也在增长。"对于一个人来说，谈论自己是一个又难又不好讲的话题，"考利说，"这会令说话者的内心饱受煎熬，不知是否应该说些贬低自己的话语；对于听者的耳朵也是一个考验，因为他不得不听那些自我褒奖的言辞。"如果你周围的环境使你不得不向他人寻求帮助，那么，介绍你自己则显得尤为危险。如果一个乞丐想要的东西是现实的、可知的，那么他会得到宽慰和解脱。但是，如果他费尽心思暴露自己的伤疤，那些本来想与他交友的人会带着厌恶转身离去。所以，介绍你自己、你的朋友、你的所作所为时，应尽量少说话，因为如果你说得过多，就有可能被认为是要得到钦佩或怜悯。优秀的作家总会建议他的读者不要过多地谈论自己，除非他们在这个世界上取得了重大的成就。但是，这个经验并不是绝对安全的。在他看来，到底谁才是那个成就不够多而不能将自己作为谈话主题的那个人呢？

6. 诙谐幽默时要小心

如果不小心谨慎的话，你可能陷入将老笑话当作新笑话讲来讲去的危险之中，或者陷入将你出生前很久就存在的笑话据为己有的危险之中。你也许听说过，或读过这样一句话：你读到的或听到的东西都可能离开你的大脑，只有笑话会留下来。在一般的交谈中，最好将自己看得平常些、普通些，不要尽量表现得才华横溢或者滑稽可笑，因为你将为此付出长期的、无法承受的代价。一旦他们养成了借用的习惯，他们的记忆将很快停止：他们可以自由使用的东西不再是他们自己的。

谈论此话题时，我想说，如果你被诙谐幽默打动，并沉迷于其中，那么你就陷入了虚弱危险的境地。巧妙的措辞和创造名言警句的能力是可以培养的。据我所知，在人们的面前，妙语和即兴的创作能带来阵阵笑声，但是如果事先私下研究、安排的话，迎接这些笑料的可能就是冷漠和平静。格言警句出现时或多或少就是这个样子。其中显示的才华与天赋很快履行完自己的职责，就好像他们是瞬间的产物。放纵自己的才智有个危险：不伤害他人就没有办法将工具磨得锋利无比。如果你愿意的话，同它抗争吧！你最好的笑话，也是最锋利的箭，直射向你身边的人，尤其是那些活着的人。这会引起朋友的反目和胸中的怒火。那些试图使自己机敏有才的人一定有很多敌人。当你听说某人宁可失去朋友也不愿失去一个玩笑时，你可能会想，他很快就不会再有为朋友开玩笑的麻烦了。

每个人都知道自己的特性和弱点，但是，那些是他本性中的一部分。他不能，也不愿喜爱一个用这些弱点伤害他的人。这些弱点确实是我们的，尽管我们为之感到羞耻，有些人还因为这些弱点而不能很好融入周围的环境中，但是，我们却不喜欢让他们受到嘲笑。我们会排斥那些有优越感，还拿别人的性格开玩笑的人。他可能会使周围的人发出阵阵笑声，他也可能受到别人短暂的恭维，但那一定是来自那些与他心照不宣地分享那份快乐的人。试图变得机敏的另一个危险是：你可能会伤害到自己的内心。若不努力培养观念中特别又奇怪的联系，没有谁能够变得机智又有才华。很多思想是通过无人知晓的渠道跑进一般人的头脑和思维中的。你关注的每一件事中一定夹杂着奇异的光芒，于是，头脑很快就习惯了那些稀奇古怪的联系。结果将会是：大脑不再是一个平衡性良好、能够获得和传播信息的工具。一心想成为才子的人，可能会取得成功，但只是二流的，对周围的一切没有任何用处。大众作家笔下描绘的自作聪明的小人物的性格，在现实生活中却是真实的。"他是全西班牙最自负的人物；尽管他前六十年的生命中除了无知还是无知，但为了变得博学多才，他特意聘请了一位导师，教他拼写拉丁文和希腊文。除了这些，他还背诵了大量的典型的故事。他一遍又一遍地重复、肯定这些故事，以至于最后他自己真的完全相信它们了。这些故事本来是用来帮助谈话的；于是有人说，他的智慧的光彩是以自己的记忆为代价的。"还有一件很重要的事需要记住：能够说出许多华丽言辞赞美他人的人，同样能够说出大量虚伪愚蠢的话来。在水下寻找珍珠的人总会发现，能冲刷出最耀眼珍珠的海水同样能冲刷出最一般的贝壳。我们最美好的期望是：极少数诙谐幽默的话语在人们口中流传、重复，而那些没有价值的东西则被永远地遗忘。

"森林，"站在森林中的一位弓箭手说道，"我们总得用这些树做些什么吧，我的朋友！我发现你很有天赋，但你却不知道应该怎样使用它。怕说错话的担心阻碍你在与他人交谈的过程中冒险，然而，仅在这一方面，现在已经有很多人赢得了才子的美名。如果你有闪光的思想，那么，给你的活泼套上缰绳，淡然地用你的一切去冒险，你的错误将被看成是高贵的大胆。如果，说了一千遍莽撞无礼的话后，一个俏皮话使愚蠢的事情被忘记，睿智的观点被记忆，那么，全世界将会为你歌功颂德。这是每一个渴求获得才子殊荣的人必须做的事情。"

7. 谈话中还应注意，不要故意炫耀知识或高深的学问

没有哪个伙伴愿意承认自己无知。当一个人炫耀自己的才华时，他是在向周围的人发出沉默的邀请，邀请他们承认他的优秀和其他人的无知。没有比这更令人不悦的邀请了。我曾经认识一个学生，他竭尽所能想使自己在社交的圈子里受到欢迎，却没有成功。他在用希腊语谈话的同时还引用了拉丁文，他兴高采烈地对某些字或词追本溯源。例如，他费尽力气向同伴展示 comedy（喜剧）这个词在某种程度上丢失了本意，因为这个词是由 κωμη street 和 ωδη song 组成的，意思是街头小调，通常在城市里走街串巷的马车上表演。这些都是真实的，但是这个故意卖弄学问的人实在令人难以忍受，其实他身上没有多少学者气；找一本好字典，看上半个钟头，得到的东西足够折磨周围人一个晚上了。真正的学者是不会哗众取宠

的。有一些略通医术的人，总是担心你会怀疑他无知，于是他们使用一些晦涩难懂的专业术语，甚至用药典中的词汇来咬文嚼字，夸夸其谈。可能也是出于这个原因，卖弄学问的人才如此可憎。如果你遇到一个人，他满嘴都是拉丁语，还用希腊语烦扰你，那么你会认为他的学识之深浅就像放肆无礼的看门狗的勇气般大小，只要有人经过主人的家门，它就汪汪大叫。如果你只是待在学生们中间，情况就不一样了。但是，在不同身份的人面前，最聪明的评论如若出自平常人之口，则往往受不到欢迎。

8. 在所有的谈话中，一定要注意保持纯洁的思想

所有通往粗野无礼的通道的开通会很快受到所有优秀社会团体的反对。确实，你找不到一个会因对方的粗野无礼而感到高兴的人。在人面前说些下流的双关语或类似的言语，往往令人心生厌烦。原因很明显，没有人喜欢接受这样的无礼，而你却自认为他们喜欢这样的谈话。这对思想纯洁、道德高尚的人来说是一个直白的侮辱。某些时候，某些事物被错误地介绍和解释时，在我所知晓的范围中，除了那表达出来的和感觉到的非难和指责，别无他物。你抱着启迪或取悦他人的目的复述某些事实或奇闻轶事时，你的语言应该纯净，你的思想应该纯洁。

应该怎样让那些轶事和故事发挥作用呢？如果使用妥当，它们会很重要、很有价值；如果使用不当，他们不仅一无是处，还会带来一些负面影响。你可能见过各行各业的人，他们总爱讲些奇闻轶事，或者讲些故事。当你刚刚与他们结

识，你会觉得他们的知识储备似乎无穷无尽，但随着交往的深入，你会发现他们的存货真的很有限。每一年里，同样的笑料要重复好多次。一个人因经常讲老故事而著名；另一个则因和朋友一起时，能营造良好的氛围，带来阵阵笑声而引人注意。然而，这些人不会，也不可能像普通的人或事物那样，受到高度的赞扬。同时，某些故事和奇闻轶事阐释的重要原则很难被完全抛弃。你怎样才能避开意大利墨西拿海峡上的锡拉岩礁，还不能陷入卡律布狄漩涡呢？我的回答是，你可以而且应该使用故事和轶事。它们很重要。没有它们，你不能激起别人的兴趣，并给他们以指导，不能给他人留下深刻印象。你可以大量地使用它们。我以前曾经说过，你怎样使用它们都不为过。但是，在这儿，我要给出两个很重要的警告。

（1）使用的事实要客观

不要为了润色、使它更吸引人或切中要害而添枝加叶或删减情节。如果你增加或减少任何一部分，你都在掩饰历史。有些人若不歪曲历史或篡改历史的本色，他们便无法以奇闻轶事的形式重复事件，结果你无法分辨出历史的真相。这个习惯太糟糕了。因为如果任其滋生蔓延，用不了多久，你就不能客观地讲述有趣的事实了。

（2）不要只为了消遣而讲故事，或重复那些轶事

它们的作用在于进一步解释你所说的话，或你所写的东西。如果它们被用来实现其他的目的，那么，不协调的音符将会出现。

我希望，在所有这些评论中，没有给你留下这样一种印象，

即你在运用这些事实和轶事时应该养成那讨厌的谨小慎微的习惯。那简直令人无法容忍。就像吃小鱼一样，过程一定要慢，但吃完以后，你想起来的是鱼骨头，却不是鱼肉。那这种吃鱼的方法是不明智的。草率的人若能巧妙地避开鱼骨，结果就不会是这样。

尽量使你的谈话远离嫉妒。为了实现这个目标，你的内心一定要保持清澈。在所有的谈话中，你都应该兴高采烈、情绪良好。这应该成为你的习惯，使你总是那么令人愉快。我们有如此多的弱点和苦难，我们的生命中有如此多的下坡路，以至于我们非常愿意与快乐的朋友相处。即使是尖酸刻薄的人，也喜欢停下来，忘记他们自己，听孩子们咿呀学语，还有那欢乐的呼喊声。欢乐气氛的营造，谈话中令人愉悦的言谈举止，都会增加你自己的舒适感，还能使和你交往的人感到更加舒服惬意。野兔是敏感的考珀夜晚的伴侣；他告诉我们，野兔们欢快的嬉戏能给他那悲伤的时刻染上愉快的色彩。

以下规则，节选自有先见之明的梅森给他学生的关于谈话的建议。

（1）选择能给你带来好处的人做你的朋友，就像你选择书籍一样。最好的伙伴和最好的书籍既能给你带来提高，又能令你感到愉快。如果从你的伙伴身上既得不到提高，又得不到快乐，那么为他们提供提高或快乐吧，或者两样都提供吧！如果你既不能得到好处，又不能给予好处，那就立刻离开那个家伙吧！

（2）研究你伙伴的性格。如果他们比你优秀，则应虚心向他们请教，认真聆听他们的观点；如果他们比你差，则应为他们提供帮助。

（3）当谈话陷入低谷时，引入一些大众性的话题，让每个人都能说上几句，从而使谈话恢复活力。或许，事先在头脑里准备一些适当的话题也不算是错误。

（4）当新鲜的、有价值的或有指导作用的内容在谈话中出现，可以立刻将它们记在备忘录上。永远记住那些曾经伤害过你的话语，因为它们值得保留。但是，坚决抵制品质低下的东西。

（5）不要在朋友中间显得无足轻重。尽量让别人喜欢你。然后，你将发现自己说出的话容易被人接受。沉默是不好的习惯。如果用很礼貌的方式说话，就算是平庸的话语也比完全的沉默更容易被接受。平平常常的言辞往往能带来一些有价值的东西。任何时候，你若打破那死一般的沉寂，所有的人都会感到宽慰，并对你心存感激。

（6）不要急于加入，也不要喧嚣吵闹。如果某一方面你可以处理得很好，你能够成为自己的主宰。这时，你就可以通过与人交谈获得你想得到的信息了。但在同一个圈子里，某些经典的话语千万不要重复第二遍。

（7）记住：其他人看待自己的缺点、错误与你看待他们的缺点、错误之间有着细微的差别。因此，一定要小心，千万不要不假思索地在人面前表示反对或横加指责。

（8）如果你的伙伴爱好毁谤他人或者满嘴污言秽语，若你能起些作用的话，好言相劝吧；如果你的言辞起不了任何作用，那就保持沉默吧；如果沉默也无济于事，那就选择离开吧！

（9）不要在谈话中装得光芒四射，就好像那是你特别优秀的地方。实际上，你只是知道一些较为优秀的能力而已。

（10）容忍那些似乎是傲慢无礼的行为。这些行为在其他人看来可能就不是那样，你还可以从中学到一些东西。

（11）内心舒畅、从容，试着让其他人也有这种感觉。这样，很多有价值的想法就会浮出水面。

对此，我还想加一句，不要在人前乱发脾气。如果遇到别人对你不友好，或者当众侮辱你的情况，那就不是谈论该事的适当场合了。如果你不幸同一位大嗓门又很兴奋的反对者发生争执，一定要保持冷静，这是最完美的解决方式。"冷刀切得快"，这样。你们的争执将会有一个令人满意的结局。面对挑衅，谁能够保持冷静，圈子里的同情和尊敬就会向谁倾斜。"如果一个人脾气暴躁，爱好吵架，那最好的办法就是让他自己一个人待着。老天爷会给他找活干的。或者，他很快就会遇到一个比他还强壮的人，那个人给他的报偿比你给的还要好。"通常，在争执中，人们能理解的东西就是强烈的愤怒被激起并准备通过反抗和斗争取得胜利，而这些是不应该被引入到朋友中间的。这种游戏太粗俗了。讨论一旦触及了这一点，就应该立刻叫停。

记住，你说的每一句话都长着翅膀，永远影响你的灵魂。话一出口，就无法收回；它给周围带来的影响，将长时间存在，甚至比地球还要长寿。

第六章
忍受苦难

在隆德美丽的大教堂里，有一扇有色玻璃窗，上面每扇窗格子都代表着《圣经》中某位著名人物。当我第一次来到这所大教堂时，立即被其中的一扇窗所吸引，而且从此以后每次来此参观，我的目光无不流连在那个地方。画面上是一个叫作提摩太[①]的小男孩跪在妈妈的身旁听候教导。充满童真与渴望的男孩提摩太令人想起了乔舒亚·雷诺兹爵士[②]的作品《幼年塞缪尔》(Infant Samuel)中的一个人物。

如你所知，提摩太是圣·保罗的一位年轻的朋友。在《新约》全书中以他的名字命名的两封使徒书信就是圣·保罗写给

---

① 提摩太(Timothy)，《圣经》使徒行传中记载的一位1世纪使徒。希腊语名字的意思是敬畏或荣耀上帝的人。《圣经》中记载他长期和使徒保罗在希腊和小亚细亚从事传道活动，后来负责以弗所会众的事务。

② 乔舒亚·雷诺兹爵士(Sir Joshua Reynolds, 1723—1793)，英国18世纪后期最负盛名且颇具影响力的历史肖像画家和艺术评论家，英国皇家美术学院的创办人。

这位年轻人的。圣·保罗爱他如子，也确实一次又一次地称他
为自己的儿子。

　　圣·保罗赢得了与他共同生活和工作的那些人的无限尊敬
与爱慕。他好像没有亲戚，在我们熟悉他活动的这些年里，
他总是到处奔波，建立教堂，然后将这些教堂留给其他人管
理。虽然没有自己的家庭或亲属，但是他却能够随遇而安，广
交朋友。几乎没有人能像他这样备受爱戴。他总能在与他共事
的那些人的内心占有一席之地。这一点在他周围的年轻人身上
表现得尤其明显。我们有很多动人的文章来展现他们彼此之间
的情感。他说他渴望见到他们，希望他们幸福，他从未停止过
为他们祈祷，他将这些年轻人分派出去，按照他的精神意旨
去将他的工作继续进行下去。在这些年轻人中，提摩太似乎
一直是他最赏识的一位。他以主教的身份被派去管理一些教
堂。我们说的圣·保罗写给他的两封信就是一些关于教堂管理
建议的信件。在信中，圣·保罗强调人格的重要性要高于一
切。我们从圣·保罗的信中得知，提摩太是由他的母亲洛友妮
基（Eunice）和他的祖母罗以（Lois）抚养长大的，她们似乎
是圣·保罗最亲爱的朋友，提摩太受到了她们最细心的照料。
圣·保罗说："从孩提时你就已经开始了解《圣经》中的神圣
文句了，学习这些能够使你睿智，得到救赎。"

　　学习展示自己，得到上帝的认可，成为问心无愧
的神职人员。
　　因此，作为基督耶稣的好士兵，你要忍受困苦。

这些句子节选自写给提摩太的第二封信，这封信被认为是圣·保罗写过的最后一封信。这封信是在一种特殊严肃的场合下写的，它包含着一位老者对一位他爱之如子的年轻人的深切而衷心的建议。这封信充满悲伤，因为此时圣·保罗正在狱中，并且他知道自己离死神不远了。他相信自己不久将被处死，而我们也知道，他当时的预感是正确的。在他所写的最后这一封信中，他谈及了自己对所爱的提摩太最深切的期望。我想我们都会为此事实所感动，这是大多数人都希望自己所爱之人拥有的，他并没有要求提摩太要多有才华，而是要求他拥有其他一些世界上还没有给予很高评价的才能。

父辈们为了能够给予子女财富和自己所拥有的一切而辛苦劳作。他们在办公室里埋头苦干，失去了健康，放弃了人生中很多提高和上升的机会。而孩子们却会以一种只会对自己造成伤害的方式，以一种消耗精力、意志，毫无目的的方式尽快地挥霍掉从父辈那里轻而易举就得到的钱；或者说，这些钱从未给予美德一个发展的机会。几年前，人们非常关注罗斯福先生关于美国百万富翁的警句："谁的儿子是傻瓜，谁的女儿又是公主？"不劳而获必定会滋生自私的品性并伴随着一大堆不良影响。实际上，很多年轻人的父母并不富有，他们成长过程中对钱有着完全自私的想法，而对钱真正的用途和价值却了解很少。

我可以讲更多关于纵容孩子的父母对其孩子满怀期望的事情，他们都期待同一件事情——安逸的生活。他们希望自己的孩子不受风吹雨打，不用走泥泞、崎岖的道路，不必攀登艰难的高峰。他们必须走在阳光下，睡在花床上。艰难、困苦、磨难都给别人的孩子；奢侈安逸都给自己的孩子。

但是，圣·保罗给予他所爱的年轻人什么样的礼物和福祉呢？一种安逸、奢侈的生活？这位伟大的门徒是多么藐视这种想法啊！取而代之的是他要求年轻人们应该学会怎样忍受困苦。

我们生活中的"困苦"不可能仅指身体上的折磨，或许根本不是，尽管这种忍耐是造就圣·保罗伟大品质的一个因素。他告诉我们，他被鞭打过，被石头扔过，遭受过船只失事、寒冷、饥饿和赤身裸体。没有什么事情能使他气馁，没有什么阻碍他不去克服，他无所畏惧，甚至是面对死亡。他工作的伟大成就归因于他非凡的身体承受能力以及强大的道德力量。与他相比，即使在我们之中看起来最优秀的人也显得那么微弱和无用。这种不顾身体不适，这种无所畏惧，这种依靠内心素质非外界支持的品质，即使我们可能永远不会被召唤去经受危险与困苦，我们难道看不出这是一件多么伟大的事情吗？然而，我们知道，有多少人会因为早餐不合胃口而破坏了一整天的心情，因为多云的天气而意志消沉；因为身体不适而很大程度上影响着其性情和行为！年轻人值得去培养的一种让身体经受"困苦"的品质——能够忍受身体不适，漠视奢侈和安逸，不依靠外界条件。

但是，对于我们大多数人来说，有另外一种更加重要的"忍受困苦"。这就是从我们所能拥有的东西中寻找幸福，而不是奢求我们不能有或不该有的任何东西。学习把一件应该做的，却是困难重重且令人厌烦的事情当成是理所当然。我们总是会对那些得不到的东西蠢蠢欲动，但是，如果那些并不属于我们，我们就应该把精力放在我们所拥有的或可能拥有的事情上，并尽力把它们做到最好。

假设情况不允许你生活在自己最喜欢的朋友圈内或按照你最喜欢的方式生活——这种情况也会发生在很多毕业生的身上——除了极力重视你现在拥有的朋友，在周围的环境中寻找最好的朋友，还剩下什么了呢？假设你无法选择那种你梦想中最适合你的生活，无法选择能让你感到最快乐的地方，那么请你记住，生活中的成功与失败取决于你是否适应环境和是否能够在不可避免的复杂环境中发掘出新的成长动力。这在很大意义上讲就是"忍受困苦"。假设你一直在为你的未来做着美好的规划，可是突然一切都被撕碎，那你怎么办？你还能捡起这些生命的碎片，改变方式，继续用它们编织美好的东西吗？你能那样做吗——不是以一种冷淡的、坚忍刚毅的态度去做，而是以一种欢快的、平和的心态去做。若能如此，你就学会了"忍受困苦"，同圣·保罗所忍受的相同的精神。

有时候，想象一下我们通向幸福的所有外部支柱，如金钱、地位和有影响的朋友，都被剥夺了，然后问问自己，没有了这些我们还能创造怎样的生活。那么，我们就会发现生命中真正有价值的东西，这对我们来说是有好处的。我们都相信——尽管我们通常表现得似乎不相信——树立坚强而高尚的人格是生命的宗旨。但是，除非情况所迫，我们几乎没人给自己提供获得那些美德的机会，而那些美德比其他任何东西都更有利于树立高尚的人格！没有什么能比拼搏、磨难和困苦更有利于提高品格的了。

我记得最近收到了一封信，来自我认识的一个年轻女士。作为有钱人家唯一的女儿，她享受着优越舒适的生活，她知道自己很可能将继续享有这些。但是这个事实令她很担心，她写道："对于我们这些生于富贵之家的人，能做些什么来补偿所缺少的拼搏精神呢？"她很焦虑。一定有什么东西可以平衡这种缺失，然而生来富贵的人们中能认识到这一点的会有几人呢！

当我想到一些毫无目的、懒散而又真有才能的女孩时，我经常对自己说："如果能使她靠自己的能力获得想要得到的生活是何等的福气啊！"对于另一位过分热衷享乐、缺少真诚和人格深度的女孩，我很遗憾地说："除非发生巨大悲痛的事，恐怕没有什么能打动她，使她清醒认识生活的现实。"只有付出巨大代价才能获得教训是多么悲哀啊！

一百多年前，当艾多奈拉姆·耶德逊[1]要作为最早的传教士队伍中的一员去印度之前，他向布拉德福的安·海瑟泰恩（Ann Hasseltine）求婚，在给她父亲的信中写道：

> 现在我来询问您是否会同意在这早春之际与您的女儿分离，并从此再也见不到她；您是否会同意她离开您，前往异国他乡，经受一个传教士生活的困难和

---

[1] 艾多奈拉姆·耶德逊（Adoniram Judson, 1788—1850），美国传教士，一生于缅甸开荒、布道，将《圣经》翻译成缅文。

磨炼；您是否会同意地置身于大海的危险之中，遭
受印度南方气候的致命影响，各种物资缺乏与精神苦
恼，生活下降，种族迫害，也或许会死于暴力。

确实是一封不同寻常的信！艾多奈拉姆·耶德逊和他的妻
子安也的确遭受了很多预测到的苦难。但是如果他们没有去经
历，那些黑暗中的土地上将不会见到光明。如果不是有一些具
有英雄气概的人准备将命运握在自己的手中，并全身心地投
入，对文明和信仰精神的祈求也就不会传到地球上这么偏远的
地方去。

想要什么就有什么，想做什么就做什么，这对于任何一个
年龄阶段都是一个致命的习惯，尤其在年轻时期。相反，要培
养远离奢华与安逸的独立精神，学习圣·保罗在了解自己拥有
面对和处理生活中各种困难、险阻或危险的能力时所感到的
快乐。

我们发现菲利浦·布鲁克的思想与圣·保罗写给提摩太的
真挚的话语有着惊人的相似：

不要祈祷安逸的生活！祈祷成为更强的人！不要
祈祷与你的能力相当的工作；祈祷拥有胜任工作的能
力！那么你做的工作就不会是个奇迹，而你将成为一
个奇迹。每天你都会对自己感到吃惊，对上苍赐予你
的丰富生活感到惊叹不已。

第七章
时间的重要性

在我提到的有关时间的要点中，这一点最难阐述。明确地写出时间的缺点和优点是很容易的事，但是要提出如何改善时间的特殊法则就没有那么容易了。但这也要比合理安排时间、下定决心尽可能地充分利用时间更加容易些。通常情况下，一个吝啬鬼变得富有，不是因为他有丰厚的收入，而是因为他在花钱时是那么小心翼翼、谨小慎微。以下箴言不仅教会我们要在一日之晨就开始尊重时间，而且教会我们不要等到晚上才开始学习。"思考这个问题是一项艰巨的任务。时间是最为珍贵的东西，即使是一个极为慷慨的人也不会对时间的流逝熟视无睹。显然，甚至那些对所有东西都勤俭节约的人也会对时间极为珍惜。塞内卡①说：'贪婪是一种美德。'试想，适当地节约可以获得多少时间，结果是令人惊讶的。"

没有人会试图改善时间的使用，除非他意识到时间的重要

---

① 塞内卡（Lucius Annaeus Seneca，约公元前 4—65 年），古罗马时代著名的斯多亚学派哲学家、政治家、剧作家。

性。根据最精确的计算，我们只有很短暂的时间学习所有的东西，做所有的事情。在每天的开始，就要思考今天在睡觉之前你要做些什么，完成多少事情，然后立即开始实施计划。印第安修行者那里有很多关于教育信徒的一些幽默的描述，从中我们可以学到很多东西。2世纪哲学家阿普列尤斯①曾这样描述："在晚饭开席之前，主人将会询问在座的每一个学者，这一天他们都是如何利用时间的。一些人回答说，他们被选为仲裁人，他们解决了人们的分歧，让他们成为朋友；一些人回答说，他们执行了父母的命令；还有一些人回答说，他们发现了一些新的东西或是从他们的同伴那里学到了一些东西。如果有人没能很好地利用他们的时间，这样的人就会立即被赶出去继续工作，而剩下的人就可以用餐了。"

没有什么比养成睡觉习惯更容易的事情了。我们身体的生理系统每天需要8到10小时的睡眠，如果不睡觉，身体就会感到不适。物理学家认为，6小时睡眠对于健康来说足够了。这6个小时是指从你躺到枕头上闭上眼睛的那一刻起。但假设你每天睡7个小时，并严格遵守这个时间，那么你所拥有的时间要比睡6小时的你少了很多。你把这7小时以外的时间都用到学习上了吗？你的学习有没有取得进步呢？但这还不完全是浪费时间的问题，你身体的整个系统会因睡眠过多而恶化；

---

① 阿普列尤斯（Lucius Apuleius，约124—约189年），古罗马作家、哲学家。柏柏尔人。出生于北非的古罗马殖民地努密底省马道拉地方（属今阿尔及利亚），为官吏家庭。曾在雅典学习柏拉图主义哲学，后广泛游历地中海地区。代表作：《辩护状》《金驴记》等。

如果你不适应紧张的学习，在9到10个小时的睡眠之后，你就会感觉胃里好像装满了食物一样，身体和大脑都受到了影响。减少两个小时的睡眠，赋予这两个小时更多的价值，让大脑获得更多的能量。减少睡眠，你就会有更加明显的收获。如何来评价饭后的睡眠呢？用几个词来形容就足够了。如果你希望有一种迟钝的、发烧的感觉，精神萎靡，筋疲力尽，头疼，一个拒绝工作的胃，那么吃一顿丰盛的晚餐，然后马上去睡觉。但是作为学生，如果继续这样的话，你的命运将会被你的习惯所牵制。

懒惰与懒散、闲散有所不同。懒散主要是指一种迟钝的、不积极的状态，把现在应该做的事情拖到未来的某个时间。除非你的行为循规蹈矩，并且有责任感，否则这种状态将时时刻刻困扰着你。让你的学习变成一种责任而非乐趣，只有通过这种方式才能完成。有时，这可以是一种乐趣，但通常情况下应该是一种责任。著名的物理学家，福瑟吉尔博士表示："我努力工作，因为这是我的职责，而不是我的兴趣；后者和履行职责是不可分割的。"

懒散总是因灵魂的生锈而产生的。习惯很容易养成，或者说，懒散是我们闲散本性的组成部分。

我们最大的错误就在于总是感觉自己不能做任何伟大的事情，除非我们把所有的时间都用在这件特别的事情上。"如果我有时间坐下来，一天一天，甚至一周一周地审视这个问题，并且写下这一点，我就能做这件事情。"但是，你能用那些通过熬夜或是剥夺早晨的睡眠时间而收集来的琐碎时间做些什么呢？琼丽夫人告诉我们，法国皇后的侍女需要在晚餐之前在餐桌旁等待她的女主人 15 分钟。每顿晚餐都可以节省出 15 分钟，加在一起就是写一两卷书的时间。只要节省你现在放弃掉的每一分每一秒，你就会很容易地做成很多事情。在每个人职责范围内最忙碌的阶段很难有空闲时间，而这些空闲时间在追求目标的过程中被浪费了。时间并非一架大型手摇风琴，简单改变琴键就能改变音调。博学多识的伊拉斯谟[1] 把生命的大部分时间都用于在世界各国游走、赢得支持的承诺，而这种承诺只是用来浪费他的时间，否则的话，他可能会有更多的经典流传下来。

希望我在这个章节中所说的话可以让你了解学习的意义，并且形成快乐学习的习惯。很多人会学习一些没有实际用途的东西，和他们所选的课程也没有必然的联系。这些东西是没有意义的、幼稚的。你可以克服它们，但目的是什么呢？

音乐、绘画以及类似的东西都是看似没有实际用途；但是有多少人会意识到这些往往是为我们打开另一个世界的钥匙，同时也是提升自身品位和陶冶情操的必需品，而且这些学养会影响他们的一生。

当思维疲倦时，我们把时间丢失在追求学习的过程中。当

---

[1] 伊拉斯谟（Desiderius Erasmus Roterodamus，1466—1536），文艺复兴时期尼德兰（今荷兰和比利时）著名的人文主义思想家和神学家，为北方文艺复兴的代表人物。伊拉斯谟是一个用纯拉丁语写作的古典学者。代表作：《愚人颂》《基督教骑士手册》《论儿童的教养》等。

思维和身体都筋疲力尽时，把注意力转移到其他学习中，精力很快就会得到缓解和恢复。

由于拖延时间，我们的学习充满压力。如果你允许自己被学习所驱使，那么你就不可能让思维放松下来。如果你总是把工作拖到最后一刻完成，你就不是自己的主人。

一个人可以用一个下午做一天的工作，但是如果把工作拖到下午，那么整个上午你都会不开心，而下午又会工作过度，甚至要工作到晚上。匆匆忙忙做事，无论思维多么活跃，也不会把工作做好。上午的时间不应该用来闲逛，而应该用来工作，因为你可以在晚上恢复体力。遵守时间安排是最为重要的。就好像是工人把东西打包好装进盒子：一个好的包装工人要比一个差的包装工人装得多。这种方式产生的冷静思维是遵守时间的另一个产物点。一个思维混乱的人总是匆匆忙忙的：他没有时间和你说话，因为他打算去其他的地方。当到达那里的时候，对他的生意来说已经太迟了。遵守时间有利于塑造人的性格。"这样的人已经做了预约；我就知道一定会遵守约定。"一旦遵守时间这一美德传播开来，约定就成了债务：如果我和你做了约定，那么我就欠你时间，我没有权利浪费你的时间。

不要把时间浪费在我们永远不可能完成的计划和学习上。

如果在生命的早期我们就养成不按时完成工作或学习的习惯的话，惰性就会滋长。一个朋友塞给我一堆文件，这些文件原本属于一个被认为是天才的人。问题就是——"这些东西值得出版吗？"诚实要求的答案是"不"。他几乎没有完成一件事情。这是一首刚刚开始写的诗；那是一首即将完成的十四行诗；那是对日食的计算，大约完成了三分之二；这是一篇刚刚开始写的作文；这是一封写了一半的信。显然，他拥有非凡的智力，甚至是一个天才，但是他的这种习惯使他永远不能闻名于世。这是一个良好的基本规则——永远不要开始不能完成的事情，你应该把所有的时间都用在你所希望有所收获的事情上，每天做一些事情，且要按时完成。

有条不紊对于我们正确分配时间是非常重要的。一个不停转动的轮子可以带来巨大的能量，但是如果其中一个齿轮损坏，紧接着就会有另一个损坏，那么整个机器将会受到影响，直到最后成为碎片。因此，如果你试着有条不紊地安排你的学习，无论何时出现问题，你都能够应对。

人们把太多的时间浪费在衣着上，有些人每天早晨会用1到2个小时刮胡子穿衣服。他们在一生中都做了些什么？他们有光滑的脸颊，他们看上去很整洁，但是他们却从来没有做一些值得称道或是伟大的事情。衣着整洁是值得表扬的，但是没有办法把一车的木材都刷上油漆，如果我们想要带着这些木材翻山越岭的话。

我将会从另一个角度说明锻炼的必要性。如果这些锻炼是不能令人精神振奋的，那为什么会有那么多人把这么多的时间花在运动上，并称之为娱乐！

一些人还在年轻的时候就陷入罪恶的泥潭，犯下不可饶恕的错误，从而毁了自己，产生了深深的自责。这并不是我们这种受过教育的大多数人的历史，但罪恶总是徘徊在我们的门前，罪恶使年轻人在他们的人生旅途中浪费了很多时间。整个晚上都在闲聊吸烟中度过，看上去是很短的一段时间，但是当生命终结的时候，我们会懊悔我们浪费了多少个晚上！学生们是如此挥霍时间，人们对他们的行为感到惊讶。他们对别的东西也是如此挥霍吗？

　　总而言之，我认为你的时间既不应该白白浪费掉，也不应该用投机取巧的方法掩盖你浪费时间的事实，没有人希望你通过每天的祈祷来帮助你改善时间的利用。傍晚来临时，你要学着对这一整天进行回忆，哪些地方没有尽到职责，这一天你都做了些什么，漏做了什么，良心告诉你应该做些什么。有多少人，当他们躺在死亡的床上时，他们会陷入深深的自责中，这是用语言难以表达的！据说，一位临死的皇后哭着说："一寸光阴一寸金！"她浪费了多少寸光阴？声嘶力竭的呼喊已经太迟了。一个人在临死前说："哦，让时间倒转吧！如果你能让时间倒转，我就有了希望。"但是时间已经一去不复返了！

第八章
生活的节奏

　　在《传道书》^①第三章有一些建议的诗句是关于这次谈话的主题。在自然界和生活中它们表明了某种平衡或节奏。

　　任何事物都有其相应的季节；每个时期都有其相应的目标。

　　要出生的时期，要死亡的时期；要种植的时期，要收割的时期。

　　什么时候要哭，什么时候要笑，什么时候要哀

---

①《传道书》(the Book of Ecclesiastes)，《圣经·旧约》诗歌智慧书的第四卷，为大多数基督教派系承认。经文成书于公元前 1000 年。作者自称为"在耶路撒冷作王、大卫的儿子"(即所罗门)，讨论生命的意义及最佳生活方式。他宣称人类所有活动都是内在的 hevel，即"虚空""无用""捕风"，无论智慧愚拙，人固有一死。传道人明确表示智慧有助于过好尘世人生。在不知不觉中，人应该享受每日简单的快乐，如吃喝劳作，这都是上帝的恩典。《传道书》深深影响了西方文学。一些名言与英美文化共鸣，亚伯拉罕·林肯在 1862 年国会致词时参考。美国小说家托马斯·伍尔夫也对其大加赞赏。

悼，什么时候要去跳舞。

作者使用这类语言不是为了说明生活的韵律，而是为了说明它的生活节奏是多么的单调。与其说他不喜欢自然与人类处处和谐，不如说他对自然与人类的单调和缺少新鲜的事物感到悲哀。类似的事情不断地在上演，太阳早上升起晚上落下，同样的过程将会在每个次日永无止境地重复着。所有的河流最终都流入海洋，但是海洋永不会被灌满。"对于这些事情，过去是什么样的将来也不会改变"——人类的出生，笑声和劳动，哭泣，并且当他短暂的生命已经结束、死亡。这也将变成重复又重复的历史。在阳光下没有什么事是新奇的。

这本书是写在希伯来历史中受压迫、动乱四起的最黑暗的时刻，这是一本悲哀的书。这本书的作者是一个严肃而且思想真挚的男人，他通过崇高的努力为自己和他的种族找到了光明，但是世界依然是黑暗的。然而，他有一个勇敢和虔诚的灵魂，他的书充满了刺激性，应该有更多的人来阅读这本书。

对于以上我所列举的，大家可能会有不同的想法。我更倾向于其中的一种说法，即在日常生活中没有什么新奇的，这是事实，我们不需要任何新颖的事情。对于那些曾经一直在发生的事情，都是我们所需要的，并且是我们应该需要的。如春种秋收、日夜交替、工作休息。这些伟大而必需的事物有规律地不断重复。从自然中我们能学到一些东西来让我们的生活变得更美好吗？我认为是可以的。

你是否曾经思考过自然界的规律？这里并不单调，而是充满了美好的变化。就像阳光是神圣的，但是永恒的白日会像黑夜一样糟糕。我们疲惫的眼睛是多么渴望静谧安详的黑暗啊！我们喜欢春天，喜欢温暖的日子和所有绿色的东西，但是无论我们多么喜爱春天，春日过后，总要迎来冰天雪地、万物肃杀的寒冬。

没有什么比我们的身体更能诠释自然的旋律了，这些精妙的身体只有部分受我们控制，更多地遵循自然的规律。这样的例子很多，如睡眠状态和清醒时分、肌肉的收缩、呼吸时空气的吸入和呼出。在所有身体活动中最重要的就是心脏的收缩，自然给予这个器官运作的规律，仿佛当它遇到问题时，人本身也无法控制。幸运的是，它们和我们一起决定何时该工作，何时休息，那些热情的、雄心勃勃的心会战胜死亡，从而开始了新生活。

没有什么能像爱默生的文章《弥补》（*Compensation*）那样更好地体现自然的此消彼长。

此消彼长的现象在自然界中普遍存在，例如黑暗与光明的交替，冷热之间热量传递，潮水的涨落，两性之间的吸引，在生物的新陈代谢过程中，在心脏的收缩中，在水流的起伏跌宕中，在地球的离心、向心力中，在电流变化、化学反应中。如果南方吸引了你，你就会讨厌北方。如果此处无人，彼处便会拥挤。

　　自然界能告诉我们如何把生活建设得更加完美。首先，要了解我们和朋友之间的关系。离开朋友而独居的隐士，他的目的可能是要亲近大自然，但是他没有遵循自然的定律。人是社会中的人，在其全面发展的过程中，离不开和他人的交往。没有人能够脱离朋友、亲人之后活得很好。

　　另一方面，过多地和他人交往也会带来一些弊端。华兹华斯 ① 在他的文章中充分说明了这一点：

　　　　我们的世界太富饶，

　　　　迟早有一天，

　　　　我们的吸取和支出会损毁我们的元气。

　　　　自然界属于我们的微乎其微，

　　　　我们背叛了自己的良心，

　　　　为了肮脏的利益。

　　从自然的生活节奏中我们了解到，我们不仅需要社交，也需要孤独。如何适当地调节两者的关系是我们每个人面临的问题。你是否因没人陪伴而烦恼过？如果你认为自己是一个毫无生趣的伙伴，又怎么让别人觉得你有趣？如果你自身不具备让

① 华兹华斯（William Wordsworth, 1770—1850），英国浪漫主义诗人，与雪莱、拜伦齐名，代表作有与塞缪尔·泰勒·柯勒律治合著的《抒情歌谣集》（*Lyrical Ballads*）、长诗《序曲》（*Prelude*）、《漫游》（*Excursion*）。曾当上桂冠诗人，湖畔诗人之一，文艺复兴以来最重要的英语诗人之一。

生活充满生趣的素质，没有什么生活会永远幸福。偶尔给自己一个机会反思，扪心自问，充分了解自己，你才会成为他人的一个好伙伴。此外，你更是自己的一个伙伴，因为只有这样，你的内心世界才会得到发展。我曾听到过一位印度的佛教僧人讲过他们国家的一个习俗，在他们国家，要求家里的每个孩子晚上独自在房间里待上一个小时思考。这每天的一个小时对于激发孩子的独立思考能力和创新能力大有裨益。

然而，我们中有些人却要竭尽全力去培养和别人融洽交往的能力。如果你和他人关系生疏，如果你和偶遇的人接触不自在，发现很难和他人建立友好的关系，那么应该认真改正这个缺点，如果这些情况得不到改善，必然会导致孤独的境地。

没有行动的思想就是空想。没有反思的行动就是对事物缺少智慧的思考。耶稣，经过一天积极的礼拜之后，通常要上山寻找孤独，在那儿他会找到第二天工作的动力。因此，每一周，在我们繁忙紧凑的工作之后，都会有一天休息和放松的时间。在休息日，我们要尽量排除各种会威胁我们休息的因素，因为这些威胁会使休息日和工作日一样繁忙和劳累。生活的节奏要求休息日要休息，要思考，要有趣，要远离繁忙的工作日。有人说，周日应是令人愉快的，是与工作日不同的，是令人开心的。

随着年龄增长，我们逐渐理解生活有起有落。兴奋通常是发生在压抑之后。生活有盈有亏，它不是静止的。我们要做到胜不骄、败不馁。当自信心和勇气退缩的时候，我们要相信自己，尽快重新振作起来。在处于人生低谷之际，我们应该慎重作出决定。就像莎士比亚所说的，"人生的潮水"要自己把握。

工作和娱乐都是健康生活的重要组成部分。再好的工作，如果不伴随着娱乐、休息都是会令人厌倦的。很多热衷于工作的人，最后都被繁重的工作所累倒，而如果他们适当地休息，就可能工作得更久。

对于那些不去工作而总是在玩的人来说，玩乐迟早会变得无趣。童年时代以玩耍为主，但当童年过去，在大自然无情的定律面前，不去工作的人注定也没有机会娱乐。你游览过南方冬天的旅游胜地吗？如果有的话，你会发现那里聚集着一群没有追求、只为享乐的人。世上的工作留给别人去做，他们则过着一种蝴蝶般的生活。可是令人奇怪的是，他们的脸上却带着不满足的表情。他们到处寻找幸福，但却连一个头脑清晰能给他们建议的人都找不到。原因其实很简单。那些拒绝承担工作的人，也必然会被排斥在享乐的圈子以外。自然界会验证这个定律的权威性。

那些疯狂玩乐的人，也未必会比工作的人更加快乐。自嘲、期待、企盼是另一种方式的愉悦。著名作家查尔斯·兰姆①在他的散文中提到了他和他的妹妹至真至纯的快乐，当时他们杂事很多，而且收入微薄，他们没有钱去看电影，那些最差的座位就能满足他们的要求，而且他们看起来是那些观众里面最开心的人。如果这样的美妙日子能够重新回来，他愿意将他所有的财富埋没。

---

① 查尔斯·兰姆（Charles Lamb, 1775—1834），英国散文家、作家。

　　将生活的全部都给予社会生活的女人是体会不到这种幸福和快乐的。但是如果让她们在工作之余做一些真正值得的事，如相夫教子、写书、在社区做义工，这些社交成就会给予她们轻松和愉快的心情。而一个能够在学习时刻苦用功，并因为完成任务而激动不已的学生，也会在运动场上释放最大的热情，得到最多的愉悦。

　　在我们的国家中，有更多没有足够时间休息和娱乐的工人。工作确实是令人愉悦的，但我们也不能花费太多的时间在工作上。有些时候我们过于夸大了自己的重要性。我们认为如果我们停止了工作，一切就都停滞不前了。没有哪一代比我们这一代更能感受到生活的紧张节奏了。每天，除了固定要做的工作以外，我们还有各种各样的额外工作。委员会会议和其他各种各样的服务占用了我们太多的时间。每晚入睡我们都会受到没有完成的工作的折磨。我们明白只有个人效率高，团队效率才会高的真理，但是我们不知道如何长时间地保证高效率。真正效率高的人，他们会尽可能地一贯保证高效率。

　　然而，现实生活中充满了挑战。如果你是很能干的人，被分配去做很多工作，你是否会感到难过？不要难过！你应该知道，最可怜的是那些没有工作而不得不努力寻找工作的人。

　　在工作中，真正的问题在于很多人不会有效地工作。没有一个人能够承担超负荷的工作量却不以巨大的伤害为代价的。我们所期盼的最好的状态就是在劳作与休息，工作与玩乐之间有一个很好的平衡。有些工作本身就是一种玩乐，它要求各种脑力活动的参与。有些学者累伤了双眼去研究一个问题，其结果颠覆了他的本意。许多商人夜以继日地工作，直到工作已经提不上效率而不得不告罄。

有些人给出了如下的幸福公式：工作、娱乐、学习、大笑，和自己的爱好。娱乐需要被看作是生活不可或缺的一部分。如果没有娱乐，生活只完成了一半。

作为一个聪明的学生，即使学业繁重，也会保持学习和玩乐、社交和独处的平衡。除非他身体非常不好，否则不会到期末时健康状况欠佳。因为他的体能平时没有透支，他的未来便没有负债。

每一天的工作和学习应该得到很好的平衡，使得每一天的能量支出与能量需要成正比。但是对于老师和学生来说，学校生活包括大量的脑力劳动，我们应该比那些产业工人更加关注自己的压力不要超负荷。没有多少师生能够忍受一年50周的工作和学习，这就是为什么会有假期的原因。假期到来的意义和目的，就是为了以自然规律为基础，调整自己的身心，使身心平衡。我们要与这些规律主动配合。有些人并不理会，不按照自然规律调整自己的身心，回家只休息三周，然后就都沉浸在了社交的花天酒地中。那么问问自己，你调节自己身心的方式是否能保证你返回到工作岗位之时能够恢复体力。我们休息是为了更好地工作，这就是假期的意义，我们应该好好地利用它，而不是荒废它。

有些学生在放假的同时也把在校期间的压力和紧张带回了家，他们夜不能寐，心里还想着学校的功课是否能完成。不要为明天的事情担忧，明天的好坏与否就让其自己去承担吧。

　　当假期到来的时候，我想知道一个年轻的学生是否会将其全部用于玩乐。对于我们年长的人来说，当有重要的事情要做的时候，我们在假期中几乎难以全身心放松休息。原因就在于我们在短暂的假期中有太多重要的任务要完成。对于学生来说，这其中有一个中间地段，介于休闲的假期和繁忙的学校生活之间。别忘了更换一份工作也是休息的一种。如果你的暑假是在学习一些与学校课程完全不一样的东西中度过的，那么这时的休息和娱乐就能够彼此相得益彰，互相提升。

　　你有没有受到这样一种情况的困扰，即假期即将结束时工作学习的热情不如假期伊始时高涨了？请不要为此困扰。就在假期接近尾声我们又倏忽回到原来紧张的生活时，我甚至怀疑是否有过这个假期。我们在假期中总是试图做一些与我们平时所做的完全不同的事情。而做的事情越不同，我们的心智就越难回到正常的轨道上来。

　　当我们假日后振作精神重新回到正常的工作轨道上来时，其中的震撼是很大的。此时有机会重新开始，纠正以前的错误，展望更好的未来。随着时间一周周在我们眼前摊开，也带来无数的机会。从下一次假期开始，在心中树立一个坚定的信念和目标，那么当假期结束后，所有的新气象都是属于你的。因为假期的重要目的之一就是恢复生活的节奏。

第九章

困境的功效

　　接受每次拒绝就使地球的平坦变得崎岖，

　　每丝刺痛喊出的既不是屈服也不是忍受，而是
前进！

　　你可能读过勃朗宁的这些文字，但你并不一定相信它们。
你说，世上一定有困境的存在。一定有冷落、伤痛和艰辛，忍
受它们的痛苦无法言说，为什么要假装在这其中发现乐趣呢？

　　为什么要与青少年谈论困境呢？心中充满希望与快乐是好
事，然而，忽略了其他因素和生活的灰暗，便不利于摆脱困境
了。人生处于逆境的问题，打从世界诞生之时就存在；既然没
有人能够逃避，那我们就要做好迎接它的准备。年轻人在严肃
课题上的兴趣，不比他们的长辈少。他们关心生活的深层事
物，并渴望了解它。

　　事实上，如果一个人很年轻，他必定没有艰难的工作经
验，没有沮丧、挣扎或悲伤过。有时，困境是大家都有目共睹
的，有时候你觉得困境只是别人的事。"辛酸只有心知道。"如

果你从来没有被要求独自走出深渊过，那么当有一天，你深爱的人们被要求这样做时，你不得不站在一边忍受着同情的折磨。

此外，年轻人有自己的沮丧，有自己需要承担的悲哀和忧患，而那些年长的人是猜不透他们的心思的。你相信世间都是美好的吗？当你发现这是一个极其糟糕又极其美好的世界时，你受到过源自敏感灵魂的震撼吗？当有如此多的痛苦、磨难和罪恶时，你还坚信上帝能在天堂管理好世界吗？这些问题需要很长时间去想清楚，有些人的解答是“岁月促成哲学思想”。对有些人来说，这些问题是无关紧要的。

你对自己信任的人失去过信心吗？并且因此挣扎，唯恐失去对人性的信心吗？还是你根本就不相信自己？尽管热情真挚地渴望对世界有益处，但是你处在一切不确定的情况下，有什么地方可能容纳你？所有这些困惑，常常转变为信仰危机。如果一个人相信任何事，人们就不知道应该相信他还是怀疑他。在对现实生活的适应过程中，许多年轻人经历了比让他们“说不”更严肃的考验，卡莱尔[①]描述过，许多儿时的爱好与信念随着年龄的增长而消失，而成熟的男子气概或女性气质尚未成型，灵魂似乎没有定位。我们很少重视年轻时的经验，无论严肃的抑或是神圣的。这些经验被漠视的原因之一是，年轻时缺乏远见。所以没有留下当时的记忆。事实证明，即使在我

[①] 卡莱尔（Thomas Carlyle，1795—1881），苏格兰评论家、讽刺作家、历史学家。他的作品在维多利亚时代甚具影响力。代表作：《英雄与英雄崇拜》《法国革命史》《衣裳哲学》《过去与现在》等。1865年被任命为爱丁堡大学校长，出任到1868年。

们 20 岁时，生活也不是永远充满阳光的！但是，这些年轻时的经验，如果存在于记忆中的话，我们将从中学习到经验，形成更真实、更深刻的自我认知，并调整行为适应现实。我们学着适应现实世界，在此过程中找到真实的自我，而不是生活在幻想中的自我。

> 我入睡，梦见生活之美；
> 我醒来，发现生命之责任。

在重新调整的过程中涉及两个事物的协调，清醒时对生命义务的探索和睡梦中对生命之美的协调。

在重新调整的过程中，首先要学习的是，我们没必要拥有我们想要的一切。一旦认识到这个事实，我们就在追求幸福的途中了。有多少被父母溺爱的孩子，不经历过一些不愉快的体验是意识不到这一点的！当生活不再带来他们想要的一切的时候，这种想法才在他们的思想中初露萌芽！他们可怜、狭隘和自私的想法必须被取而代之。在世上，没有人总是可以心想事成，没有人的命运总按照计划进行，我们最珍爱的事物随时可能被剥夺，我们有必要在生命之初形成一个习惯，就是充分利用我们的未来。我们应该意识到，那些我们不欢迎的事情是最真实的，它们表面看起来既艰难又可怕，实际上是变相来帮助我们成长的。正如勃朗宁所说，它们是伪装的朋友。

困境有许多种，当然，其中有些困境是让人难以承受的。相对来说，艰辛和怠慢可列为最容易承受的。金钱或物质财产损失并不像起初看起来的那么严重。而悲伤更难以承受。正如莎翁所说，无论生活中遭遇何种程度的逆境，它的头上很可能戴满珍贵的宝石。

面对困境，人们有以下几种处理方式。错误的一种方式是将困境视为阻碍，埋怨困境，而允许困境破坏我们的生活。我们都见识过在生活中这样面对困境的人。

忍受困境是另一种面对困境的方式。这无疑会带来勇气，但仅仅忍受而不思改变并不能带来甜头。这个人不会真正获得胜利，除非直面困境，并积极行动。

有比埋怨困境和忍受困境更好的事情，那就是在我们渡过难关之前，驾驭困境，这对我们有益处，正如雅各布从天使那里骗取祝福。我们本能地认为，困难是有限的，我们可从它带来的势不可挡的灾难中丰富我们的人生。正因如此，我们懂得悲痛的深处有可依赖的力量源泉，以深入的同情涉入他人痛楚的人，天生就饱受痛苦折磨。

你很难想象，一些富裕的家庭突然破产，也会给其中每个成员带来巨大的收获。儿子，曾过着豪华舒适的生活，转眼沦落街头，虽被迫自给自足，却从而获得以前一直渴求的男子气概。女儿，为了家人不得不承担一些生活的责任，而不仅仅满足自己的私欲，正是这些造就了她们的坚强与女性气质。

按理，患有不治之症对任何人来说似乎都是最不幸的。可是为什么很多残疾人往往是最乐观、最平静、最鼓舞人心的人？在我生命中碰巧认识几个这样的人，如果我需要鼓励就去找他们。受其影响，所有计划失败的沮丧，所有苦难和痛苦已经蜕变成性格中的坚强乐观。如果生活的主要目的是塑造性格，我们何必关心性格形成的途径？它为我们提供物资，然后以你自己的方式去完成一个有价值的成果。"生命是原材料，"歌德说，"人，就是把它们塑造成美好事物的艺术家。"

我认识一个女人，她接连失去了她所有的子女。上帝带走了她的子女，却让其他幸福的母亲子女绕膝，按说她应该会变得绝望，哭泣自己的不幸。然而，她却成了慈善的天使，力所能及地帮助有需要的儿童。她检验纯净牛奶的标准，保持更好的卫生条件，打理游乐场和免费幼儿园等，尽心尽力做好这些工作。毫无疑问，她使同她一样有着悼念之情的母亲停止伤感。她比经历巨大痛楚之前更温和、更和蔼、更有爱心、更无私。除此之外，她的生命对世界而言，可能也比最初更有价值。她将悲痛蜕变成无私的服务。"当苦难磨砺我，我会如真金般不怕火炼。"

为什么苦难会降临在我们头上？这个问题一定是个聪明人问出的。自古以来诗人写了大量描述痛苦的诗。然而，这些作品没有探究出上帝为什么制造困境，尽管他认识到，困境并不是惩罚。他还了解了应对困境应有的态度和忍受困境应具备的精神。这对我们也同样适用，我们以正确的方式应对困境，要比知道困境为何而来重要得多。你肩负的重任或承担的痛苦，看起来很沉重吗？你曾经想反抗它，并且与那些没有类似苦恼的人相比较吗？你很清楚，那不值得你展现最好的自我。对你来说，这种困境，不管它会是什么，它不仅不会破坏你的性格和生活，而且还会丰富二者。也许，这是获得某些你需要的特质的最佳途径。通过困境，你经受了考验。顺便说一下，你忍受了困境就决定了你未来的生活。这是你会拥有的一部分，尽管是困境，但是因为它的存在，你比之前更强大了。

没有定律比补偿定律更坚不可摧，它帮助我们甘心忍受了很多艰苦的事情。正如爱默生的著名散文——每个尝试为生命阐明哲学观的青年人都应该读过——其中清楚地说明了这一主题。“对于你失去的一切，你都获得了其他的事物来补偿，而对你获得的，你一定又失去了什么。”当你不得不放弃一些珍爱的东西或美好的梦想时，尝试去发掘你在这个境遇下收获了什么吧。

也许你渴望成为一名音乐家、艺术家或是学者，或许生活的使命，为履行这一珍贵的梦想制造了障碍。接着你会发现，这些磨砺你的自我意识的使命却成就了你的梦想。“我们不需要像将现实理想化地去认识理想。”没有什么比肩负责任更能使年轻人的品质迅速成长的了。当你的朋友可能在音乐或艺术上完善自己，或通过境外旅游扩展视野时，你正在为他人担起重担。难道说对你是损失对她是收获？事实远非如此。事实是她获得了一件事，你获得了另一件事。通过此事，你发现了令人惊讶的真相。对照你身边的朋友，你会看到所有的人优点差不多与缺点平衡，而每件事都有好的一面和坏的一面，以致事情绝不如它一开始被安排得那样不公平。

另一种可以帮助我们适应生活中困难的思想是随困难而来的一些损失、失望和悲伤，使我们更珍惜我们拥有的美好。青春是浪费的，没有意识到它的价值。对我们而言，似乎没有什么是我们意识不到的。补偿定律的内容之一是，我们失去得越多，就会越重视余下的。也许，这是对年长的最大补偿。虽然无情的岁月带走了许多我们曾执着一念的事情，然而，不知何故，我们将余下的事物给予那么高的价值，尽管损失不断增加，而我们仍旧增加了快乐。在寓言书的古老故事中，蕴含着很多这样实用的思想。

对于哪条路通往幸福和成功，我们是多么无知！然而，我们确信，至少我们知道摒弃我们走过的错误道路。然而，一种强大的力量一而再、再而三地改变了道路的方向，迫使我们走向不同的崎岖的道路。随后，回顾过去，我们往往意识到，生命带给我们最美好的东西，是在战胜完美计划的途中不断出现的。

第十章
体育锻炼

　　每位同学从一开始就明白，一个学生的希望和前途在很大程度上受其健康状况的影响。如果身体瘫痪，卧床不起，或受到某种伤害，那么他的心思将很大程度上用在关心自己的身体状况上，而无法在学业上取得进步。如果忽视自己的身体，它可能日渐衰弱，肌肉也不像以前那样结实；头脑可能会暂时拥有活力，就像某些燃料燃起的火焰，越来越亮，但过不了多久便熄灭了。

　　你可能更可怜，可能到目前为止在你的事业上只有那么一点点优势；但除此之外，凭着勤勉和专注，你绝对有可能发迹。不过，如果没有了健康，你就什么都学不到，什么事都做不了。因为你的头脑既不能，也不愿意完成任何事情。解决这件事吧！不管怎么说，这取决于你自己，你得拥有聪明的头脑和健康的身体。

　　事情总是这样，学生看到知识的田野在他面前展开，无边无际，一眼望不到头，他会感到青春的活力与灵巧。于是他坐下，翻开书页，忘情地读着，终于学有所成，有所造诣。而健康的警报一个接一个地来到，却未引起他的重视，直到最后，他无法继续学习。一切都太迟了，因为死亡的种子已经在他的身体里生根、发芽。

一个学生越觉得自己有前途，他的目标就越高；他天才的抱负越强烈，他的危险就越大。很多有才华的人英年早逝，不是因为他们学习太专注了，而是因为他们不曾关注自己的身体和健康。

毫无疑问，那些只想着学习却根本不关心自己健康的人，真应该好好调整调整自己了。他们总是以最快的速度完成手头的事情，显示自己极高的天分和出众的才华。但可以肯定的是，这样的人很快就会越过其成就的顶峰。即使他们不迅速走进坟墓，也会过上身体日渐衰弱、精神萎靡的生活。

学生的健康不可能不受到威胁。人生来爱活动。森林里游荡的猎人，攀爬阿尔卑斯山的冒险家，是强壮、大胆的人，是身体非常健康的人。在风暴中穿梭千百次的海员，是真正吃苦耐劳的人，他们夜以继日地工作，直到某一天过度工作摧毁了他们强健的身体。任何有积极习惯的人，如果不经常透支自己的体力，都有可能享受健康带来的快乐。但是，学生们的习惯都很勉强，他们的本质总是受到束缚和限制。

在细心的观察者眼中，不存在任何一丝疑虑。他们丝毫不怀疑，许多前程似锦的年轻人会陷入预先挖好的坟墓，其原因，是年轻的人总想在很短的时间里完成那么多的事。我的意思是，约束和充实头脑的工作一般是在二十五岁之前完成的，所以，年轻的人们坐下来读书时，所达到的强度可能会危害他们的健康。

在你训练自己有规律地、充满活力地锻炼身体的道路上，总有很多拦路虎。

1. 不要总是考虑体育锻炼的必要性

不到非吃药不可的时候，我们一般都不愿意吃药；体育锻炼对于年轻人来说，就像一种依赖性很强的药物。可能你现在还年轻，觉得自己充满活力：胃口很好，体力充沛，非常健康，神采奕奕。时光总是乘着毛茸茸的翅膀飞翔，在你身旁飞过。你为什么要让自己做体育锻炼的奴隶，让自己养成每天不得不锻炼身体的习惯呢？就像双腿完好、健步如飞的时候，非要给自己加上一副沉重的拐杖。但是，你仍然没有感觉到自己需要什么，直到有一天你的健康垮掉，体育锻炼也无法使它恢复。这时你才猛然惊醒，你才开始相信那些和你一样站在地面却不停地锻炼自己身体的人的看法，只有他们才完全了解体育锻炼的内涵。他们会告诉你，你无法决定自己是否应该参加体育锻炼；你必须锻炼自己的身体，不然你将放弃的是自己的前途和未来。

2. 你感到缺乏时间进行体育锻炼

你学习紧张，压力繁重，或者严重偏科，不得不付出更多的努力，以至于根本找不到时间锻炼身体。现在，让我告诉你，你在很重要的一点上误判了。如果你计划每天进行适当的有氧运动并严格执行，一个月后你会发现：同样完成和以前一样的工作，完成同样强度的学习，要比以往不锻炼身体时容易得多。这种变化会让你惊讶得目瞪口呆。体育锻炼带来的不仅仅是更加强健的体魄，还有学习道路上的轻松与舒适。

3. 你对体育锻炼不感兴趣，也不愿参加

学生们可能制订了许多方案，进行规律的体育锻炼，并对此兴趣盎然。这种系统的"体力劳动"值得高度赞扬，整个体育系统也不过如此。而且我对于后者没有任何信心，当然，我也不会武断地反对前者，因为它可能在某些情况下对人有好处。根据个人经验，与学生们采取的其他体育锻炼相比，我更愿意选择散步。巴肯极力主张这是最好的锻炼，因为它使更多的肌肉参与运动，还不会带来疼痛感。这种运动模式的优点是"简单"。户外，地势开阔，我们可以自由地呼吸新鲜空气，凝视远处的山峦和谷地，绿树红花，还有那些有生命特征和无生命特征的事物。那些光线和声音会使大脑更活跃，使人更加愉快，令人精神焕发。散步的另一个好处是，你可以找个伙伴同行，开心地交谈，放松大脑，愉悦心情。这很重要，而且只有通过散步才能实现。散步时，虽然你听到的声音是相似的，看到的物体是相似的，但是交谈会缩短路途的长度，驱散走路带来的疲惫。出于以上原因，在大多数情况下，你应该寻找伴你同行的伙伴。将这样的散步有规律地坚持几个星期之后，你会对随之而来的结果惊叹不已。在不需要学习的时候，去散散步吧，漫长的路途会帮助你储备健康，以应不时之需。我曾经认识两个学生，他们用这种简单的方法使自己身体健壮、充满活力，他们身体上的变化也令人瞠目结舌。一年夏天，他们相伴走过了两百多英里的路程，每次走过的里程不少于五英里。这样坚持一段时间后，你会觉得自己很热爱这项运动，根本不用问天气怎样，你也会将这项运动坚持下去。

　　4. 锻炼时，不要把自己弄疲惫

　　根本没有必要去医生那儿寻找自己稍一动弹就感到体力不支的原因。其实，原因就在你自己身上，你缺少体育锻炼。事实不容置疑。你找到要读的或要研究的书籍，将自己关在房间里几个星期不出来。这样的情况周而复始，直到你想要出去散步、走上几英里的念头消失得无影无踪。然后，一旦有出去走走的想法，你的肌肉、关节，还有整个骨架都会对此望而生畏。刚走了几步，你的四肢就疼痛起来。你的意愿不能实现，你无法让双腿继续前行。随着时光的流逝，你一次又一次地屈服、放弃，似乎眼前的困难越来越大。那些不愿定期锻炼身体的人很快就什么事情都不愿意做了。除了持续的体育锻炼，没有什么能带来愉悦和健康。你不能三天打鱼，两天晒网，把它当成看报纸一样的娱乐。要是那样的话，它将成为你的负担。许多人只是偶尔做些不合时宜的运动，然后发现运动之后感觉更糟糕。的确，这样的运动使他们感觉很不舒服，于是他们很明智地得出结论：体育锻炼根本不适合他们。他们总想弄明白，那些每天都锻炼身体的人的日子是怎么过的。体育锻炼要么令人愉悦，要么使人感到痛苦，这与运动的量没有任何关系，而是同它的规律性有关。大脑的习惯，尤其是身体的习惯，会阻止你享受运动的乐趣和好处，除非你的运动已经成为一种规律。请记住这一点，因为它可以解释你为什么不愿意参加体育锻炼。

　　进行体育锻炼本来是你的幸福，但必须遵守如下几条原则：

（1）每天都要进行规律的体育锻炼。自然赋予我们饥饿的感觉，于是我们每天都要补充养分，以满足身体上的消耗。但是，如果不进行适当的体育锻炼，我们的身体就不能很好地吸收摄入的食物，消化它们，将它们变成对身体有益的营养。体育锻炼应该像一日三餐那样有规律。只要你有双脚，就不应该有任何借口逃避锻炼，因为双脚能在短短几分钟之内给你带来世界上最好的体育锻炼。

（2）体育锻炼应该是愉快的，易于接受的。踏步机能提供规律的强有力的运动，却令人厌烦、难以忍受。它能给你带来结实的身体，却使你的灵魂陷入忧郁和沮丧。当然，通过体育锻炼获得快乐很重要。散步固然很好，但是如果你散步时非得像磨坊里的驴那样，就不好了。你通过体育锻炼要得到的是快乐。"不同年龄段的作家，都在努力诠释：快乐就存在于我们的内心，而非逗我们开心的事物中。"

（3）体育锻炼能使大脑放松。哲学教会我们在不幸到来的时候，要么顽强，要么闷不作声。宗教使我们能够顺从地忍耐，我们的目标是使身体和精神处于愉快的状态，对未来没有任何担心和恐惧。但是，如果我们的大脑总像琴弦一样紧绷，以上目标是无法实现的。如果我们的头脑能够瞬间将学习和焦虑抛到脑后，并形成习惯，那么我们就得到了一个无价之宝。

很抱歉，我的评论给人一种感觉，即我不赞成人为的努力使学生和职业人士受益。许多知名人士安排活动时非常注意交替性，他们犁一会儿地，然后在论坛发表滔滔不绝的演说，谴责敌人，再坐下来研习书本。主教们和杰西高贵的儿子都曾是牧师，摩西和许多先知也是。保罗是个做帐篷的，同时还是个出色的学者。克列安提斯只是个花园的小工，总是夜里担水、浇花，这样，白天就有时间学习了。学生们都知道，凯撒在营地里坚持不懈地学习，游泳过河时用一只手将自己写的东西托在水面之上。古斯塔夫·瓦萨①曾说过："好的工人从不明知不可为而为之。"令人深信不疑的一个观点是，这些人如果不经历、忍耐身体上的极度疲乏，就不能凭借自己的智慧出名。

请允许我说一句，如果学生不将锻炼坚持到底，那么他是在用不公正的眼光看待自己、他的朋友和周围的世界。体育锻炼有如下原因：

（1）你的生命可能因体育锻炼而延长

伟大的造物主塑造了我们的身体，若没有适当的体育锻炼，它便无法忍受自身和周围的狭隘；而我们的头脑无时无刻不在燃烧、消耗自己的体力和能量。

（2）你将享受运动带来的美好感觉

这句话适用于那些每天都锻炼身体并坚持到底的人。任何拥有这种习惯的人都能给出大量的、具有决定性的证据证明这

①古斯塔夫·瓦萨（Gustav Vasa，1496—1560），瑞典国王（1523—1560年在位），原名古斯塔夫·埃里克松（Gustav Eriksson），其子埃里克十四世追尊他为古斯塔夫一世（Gustav I），瓦萨王朝的创建者。成为国王前，他曾在1521年反抗统治瑞典兼丹麦国王克里斯蒂安二世的起义中被选为摄政。

一点。

（3）你将增加别人的快乐

令人愉快的伙伴是一笔财富，体育锻炼使你们都感到愉快。

（4）体育锻炼会增强你的脑力

如果你想培养一种病态的、拙劣的品位，就得时不时地弄出一些凄美的诗的意象和哀婉的心绪，像小精灵一样文雅地捧出那种情感的精髓，娇嫩得在这物质的世界上一碰即碎；有时又应表现得十分飘逸，除了具有类似品味的人，没有谁能够欣赏、回味；你还须将自己关在屋子里，直到多年以后，只剩下思维还能活动，整个世界在你眼前飘过时，感觉起来就像梦境一样。如果你希望自己的头脑能够无畏地向低处俯冲，在高处翱翔，捕捉并拥有强壮的音符，在坚决、果断的人中间游走、处事，像个真正的男子汉一样实现自己的目标，那么你一定要每天坚持体育锻炼。

"我们由两方面组成，两个完全不同的方面。一方面消极、被动，根本不能指引方向；另一方面则是一个积极的、活跃的方面。当我们身体健康、体力充沛时，我们的大脑受到身体的鼎力支持，能够更紧张、更长时间地工作；于是，我们的理解力更强，我们的想象更丰富，我们思考的范围更大，我们更严格地审视自己的感知，进行更具体的比较。这意味着，我们能够形成对事物更真实的判断，能够更有效地避免不当的教育、情感、习俗等引起的错误，能够对什么最适合我们、什么能给我们带来最大的利益有更清晰的看法，有助于我们迈着更坚毅的步伐实现我们的追求，以更大的决心和信念坚持到底。"

第十一章
学院精神

　　我们的教育机构里存在着众多巨大的力量，这些力量可以塑造年轻人的品德和修行。而其中最具效力的无疑是那个无法定义、无形的却具有强大力量的"学院精神"或"学校精神"。学生们常常会在说法上犯错误，尽管表达上欠佳，但表述为"精神"是对的。学院精神经常表现为一种学生无私的态度，会让人听到某种超越自己的东西的召唤。

　　尽管学院精神可能仅仅是一种感情，但正是它给予了一个美好校园生活以最深层次和最丰富的内涵。在学生的生命中，它是一个无法从头再来、无法忘却的时代。它不仅是珍贵校园生涯快乐的源泉，更是激发自己奋勇进取的源泉。

　　虽然很多走读的学校也具有浓厚的学院精神，但只有在那些学生能过上一种集体生活的学校或大学，才能将这种精神发挥到极致。在这样的学校里面，学生们生活在集体之中，远离家园、那些容易让他们彼此分开的生活。这样的团体所培养出来的亲密无间为建立深厚的学院精神打下了完备而坚实的基础。

学校的许多活动把学生团体的每名成员聚集到一起。如游戏、体育运动、嬉戏等，这些都需要大家共同参加。学业，要在同样的条件下完成。所有的这一切都继承了学院的优良传统，并且把理想建立在所有人的共同生活之上。而且这些东西往往会消除分歧，营造民主。总之，它们成了学院精神的塑造者。

集体生活和个人生活是不一样的。群体中的成员相互依赖，互利合作。在环境相似的情况下往往会有不同群体的冲动、情感，言行举止都不尽相同。每个灵魂深处都点着一团火，这火焰在生命与生命的交融下越烧越旺。这种本性与本性潜移默化的影响时好时坏。具有伤害性的影响发展到极致就被称为"暴徒精神"或"暴徒法则"。

就在你们聚在一起受到周围朋友影响的时候，并且在相同的传统和理想的鞭策之下，你们会创造出前所未有的巨大的影响力，而正是这种巨大的力量正在你们每个人身上发挥着重要的作用。这是在性格成长中最重要的因素，尤其在性格形成的时期。如果你曾打算实现自己的价值，你应该呼吸纯净而健康的社会空气和感受到良好的社会影响。然后，你应该问自己：在这个你每天都生活的社会中，你要收获什么？你要为它做出什么样的贡献呢？

我曾经站在英国伊顿公学①的教堂里，注意到墙上挂着的油画和牌匾，上面布满了成百上千的烫金的人名。这些人都

① 伊顿公学（Eton College），坐落在英国温莎小镇，泰晤士河边。曾是英国最有名的男校之一。

是伊顿公学的毕业生，他们毕业多年后曾经给学院带来特殊荣誉。我仔细观察到，有一个家族的名字反反复复出现好多次。我还听说这些名字现在依然显赫地出现在学校的光荣榜上。我不禁自问，一个年轻人怎样才能进入伊顿求学并获此殊荣呢？这正是他的家人、学校及他的祖国的期盼。大概其中的一个原因是：他通常是最优秀的，而且同一个家族世世代代都是英才辈出。我也在想，一定有那么一种激励的力量存在于这辉煌的拥有五百年历史的学院之中，它激发着年轻人去进取，去到奋斗的巅峰。他们以伊顿公学为荣，伊顿公学也以他们为荣。

在这个国度里，没有哪一个学院能像伊顿公学那样悠久而古老。尽管其他的名牌学校都有其优良传统。高尚的生命中那些发自内心的服务意识塑造了这些优良传统。在所有这样的学校之中，有人可能会说他们的儿女是如此爱他们的母校，以至于他们生命的主要目标是给母校增光添色。只有受到了这样动机所触动的学子们才能获得真正的学院精神。这些学子渴望为他们的母校留下真正的价值烙印。

我设想只有将学院精神与体育运动相结合的时候，这种精神才能体现得淋漓尽致，才最具说服力，而且，在校内活动中，体育运动将这种精神达到了顶峰水平。某些学院的权威人士坦诚地说，尽管体育活动干扰了正常且严谨的教学工作，而且还会带来其他不利因素，但是因为它们经常会培养学生们的学院精神和其对学校的忠诚，所以他们允许开展这样的活动和比赛。体育竞赛是有好处的，因为它训练学生们去听从指

挥，学会自己控制，提高警惕性及培养坚持不懈的意志。个人
有时会为了集体利益而舍弃自己的利益。这样就塑造了高尚的
人格且培养了良好的公民意识。与所有的普通对抗赛相比，我
们不能低估在一场接力赛中运动员所表现出的极大热情的价
值。当这种竞争成为一种良好的品质，当选手们都遵循公平竞
赛的每条规则的时候，这种影响力是全方位的。

然而在比赛中为整个队伍大声欢呼加油的人并不仅仅是学
生们，他们的家长、朋友才是真正的主角，家长们和朋友们才
是在公共场合最能受到学校精神感染的人。除了学生们对学校
有着发自内心的忠诚外，他们的家长朋友们更是学校忠实的追
随者。有一种比慷慨精神更为巨大的忠诚让他们尽情地享受胜
利所带来的快乐。一个人的学校应该仅代表正义，这是它的愿
望。一个学校应该受到尊敬；而且，它理应值得尊敬。

任何一所学校都是一个教育机构，这是一个不争的事实，
而且这一点至关重要。学校要么名副其实，要么关门停办。如
果一个学校在教育方面不成功，那么它在其他事情中的成功何
在呢？没有人因为一个学校入学门槛低而感到荣耀，在这样的
学校里，任何人都可以留下来读书学习，学生们不可能去考虑
自己的学业成绩。学生们并不重视自己的学业，同时他们也不
会去想能否学有所得。他们认为这种事情完全属于个人，并相
信只有他们才是受罪的人。可事实并非如此，松散而冷漠的
学习状态正在降低学校的办学水准。由此你对学校产生不信
任，你的举止可以说明你不再关心你的学校是否受人尊重。这
表明你对这个身为其中一员的集体根本没有负罪感了。这意味

着学校最需要的精神在实施过程中的失败。在那些激动人心的场合下，我们可以为学校欢呼、歌唱，但是在你的内心中，学校更需要具有哪种精神呢？

任何一所学校都应该时刻保持自己的教学水平，同样的准则也可以应用于其他事宜。你的着装、你的言谈举止、你的行为都透露出你的学校的品格，你是学校的产品，世人会无休止地追问，究竟是什么东西在学校内一直延续或者它的影响究竟是什么？世人可以凭借它的产品来衡量一个学校。如果你想让你的学校得到尊重，你应该在任何时候、任何地方都真真切切地将学院精神展现出来。

你去上学是为了获取知识，但是如果你把获取知识当成你想要的一切那就有点儿遗憾了。那些离校多年的年轻人，有时可能会聊起一所大学教育的优势。一个会向另一个说："回想起你的大学生活，你认为在大学生活中获得的最宝贵的东西是什么呢？""激励。"他可能会不假思索地回答。在这一点上他们达成了共识。

同大学时代相比，校园时光更像是生活的前奏曲。在那时候，学生会更容易受到强烈的影响。那个学校让你做出了你在这个世界上应该去做的而且值得做的决定，那所学校唤起你心中最好的自我，并且燃起为了崇高的理想和目标而全身心投入的烈焰，学校所给予你的这些你永远不会忘记。

当学生们离开学校的时候，他们很少会明白自己留给学校什么东西。你所留下的东西与校园生活交织在一起。正如丁尼生在《尤利西斯》中所说："我是我所遇到的事情的一部分。

如同在你的身上所体现的成百上千的人对你的影响一样。因此其他人正背负着并且将来也会继续承载着你的影响痕迹。"

去做一个优秀学校的有价值的一员，那将是你的一个巨大优势，这种优势地位正如它所显示的一样蓬勃发展，会激励你发挥到最好，这种刺激是用其他方式得不到的。这是一个显著的荣誉，它保持和加强了你的名副其实的本质。如果你拥有良好的学院精神，你可以义无反顾地将你巨大的影响力注入到一项伟大的事业中去，去把你的学校建设成为让未来的学生学会如何满足和承担生活中的责任和义务的地方。这种能够让成长变得轻松的氛围只有靠真正的人格和生命与生命之间的感悟才能营造出来。

第十二章
随遇而安

　　我曾经注意过很多看似漫不经心的人其实是幸运的宠儿，他们不必过多担心一些表面上很严重的事情，他们不必将小事情扩大化，从而失去生活本身的乐趣。世间大部分的男男女女厌恶命运，这种不满来源于某些被剥夺了的既定利益。要是没有这样或者那样的不利条件，他们的生活将会幸福和成功。如果某个人拥有世界上一小部分的财富，如果他真得到财富的青睐的话，他就总会思考自己拥有了什么或者自己可以做些什么。他忘记了去感激健康，感激家人、朋友和一连串幸运。在他的内心深处有着一种信念，即财富是他幸福的源泉，尽管他也知道财富不一定会带给人幸福。所以他经常感到不满，总是抱怨生活质量也很差。

　　还有另外一种情形，没有健康的身体和充沛的精力无疑是造成不满的原因。这样的人忘记了世界上大部分最优秀的成就是由那些身体脆弱的人完成的，像达尔文^①、赫伯特·斯宾塞^②。还有人不快乐是因为他生活的环境里缺少优势和机遇。他坚信要是老天没有无情地剥夺了他成功的机会的话，他一定会成为艺术家、音乐家或学者的。然而我们看到，很多在各个领域取得成功的人士，尽管面临着在外人看来难以克服的艰难险阻，但还是取得了巨大的成功。

一些女人没有成功是因为她们自认为没有得到应得的社会地位；另外一些渴望奢侈和安逸生活的女人却否认这些。在生活中很多女人愿意放弃整日的无所事事，渴望去找些事情做。就工作而言，似乎世界上一半的劳动者在羡慕另一半从事特殊职业的人。每个人都能看到别人的优势而看不到劣势。靠体力吃饭的人妒忌那些商人和技工，总是假想别人的工作十分安逸并且收获很大。然而那些商人和技工也经常会羡慕这些体力劳动者，因为他们无须太用心，生活很简单。因此每个人都只是看到自己工作不利的一面，内心全是不满，对于邻居只是

---

① 达尔文（Charles Robert Darwin，1809—1882），英国博物学家、生物学家，达尔文早期因为地质学研究而著名，而后又提出科学证据，证明所有生物物种是由少数共同祖先经过长时间的自然选择过程后演化而成。到了19世纪30年代，达尔文的理论成为对演化机制的主要诠释，并成为现代演化思想的基础，在科学上可对生物多样性进行一致且合理的解释，是现今生物学的基石。

② 赫伯特·斯宾塞（Herbert Spencer，1820—190），英国哲学家、社会达尔文主义之父，他提出将"适者生存"应用在社会学，尤其是教育及阶级斗争。但是，他的著作对很多课题都有贡献，包括规范、形而上学、宗教、政治、修辞、生物和心理学等。

抱怨，却很少有人愿意承认这种不满情绪的原因其实在于我们自己。

生活中，有些不满是对的。这种不满来源于我们天生的渴望。能感受到这种神圣的不满的人会知道他的生活原来应该是什么样子。他下决心尽可能在将来弥补过去的不足和不满。他会用惠蒂尔[①]的话来激励自己：我知道我得到的有多么少，我知道我没得到的有多么多。如果我们曾经满足于我们所得到的，这只能意味着我们的成功标准过低。

有人曾经说过："一个人应该永远不要相信自己已经取得成功了，而是应该相信自己将来会成功。"

对自己的所得不满还是对环境不满，完全是两码事。我们可以改变它或者不去改变它。如果我们有能力去改变而不去改变，那么责任就在于我们自己了。而生活中必须屈从不利的环境，这又该怎样面对呢？简言之，如果你不能拥有你喜欢的东西，就应该试着喜欢上你现在所拥有的。你应该坚信不利的环境不会拥有大到足以打败你的力量，以致毁灭你的生活。去掌控环境，而不要让环境控制你。去掌控环境并不意味着你去改变它。有时候我们仅仅需要改变对它们的态度，如此一来，这些不利环境不是弱点，反而会成为优势之源。一个明智并且积极向上的人，做得更多的事情是去改变他的生活环境，然而在每个人的生活中总会有某些事情是不能改变的。我们对待这些

---

① 惠蒂尔（John Greenleaf Whittier，1807—1892），美国贵格会诗人、废奴主义者。代表作：《大雪封门》等。

事情的态度正是对我们品格真正的考验。

更确定的事情是，如果你想在有生之年成就任何事情，必须利用你现在拥有的优势，而不是用奢求那些更好的但不属于你的优势，如果你曾有过这样或者那样的机会，不要空说怎样去做。你所得到的机会将会考验你对机会的把握。

太多的女孩大学毕业后会回到家里，过着不稳定、不满足的生活。有人说大学应该对此负责。但是这么说并不公正。这种困难除了和女孩本身有关，更多的是那些对她寄予厚望的家人、朋友造成的。更为经常的是，一个积极的、有抱负的女孩迫于压力将自己的生活定为无用。大学时代的启迪对她的影响很深远且强烈。她的情感、思想和灵魂的力量被唤醒。她拥有了宽广的视角，这个贫瘠的世界需要被深深地植入她的心田。她想通过自身的努力使这个世界变得更美好。仅仅作为无用的花瓶在家中摆设并不能满足她的欲望。对从业强烈排斥的做法也屡见不鲜。她在比较闲散的生活中感到快乐，而缺少发自内心的要对某些实物负责的欲望。那些没有找到人生坐标的且受过高等教育的妇女，她们的种种不满也是源于此。

然而这种不满的真正原因在于女性相对较差的环境适应能力。很多女性大学毕业后，怀揣着一份在世上寻找有用武之地的梦想，却发现由于家庭所累不得不足不出户，待在家里无所事事。她甚至不得不住在一个脱离兴趣且一成不变的环境中，没有动力刺激，没有性情相投的伙伴。某个时候你发现自己正好处于这个状态。对此你能做什么呢？你会选择一种不仅让你变得更悲惨而且将你的生命变得渺小的生活方式吗？或者你足够勇敢去追求自己的道路，将你的人生放大和美化，造福于他人。如果你不知道自己要做什么，就想想爱丽丝·弗里曼·帕莫 ① 在那种——渺茫的机会和缺乏鼓舞人心的力量——恶劣的环境下会怎么做。这样一来，你就知道答案了。像她这样一个具有伟大精神的人将会创造出一个自己的天地并且具有使整个沙漠开满玫瑰花的能力。她在最艰苦的情况下看到了可能。她在最无聊的环境中找到了可以做的事——只要有社会的地方就会有活干——将小孩子引领到正确的人生道路之上，只要有城市、城镇或者是乡村，就去寻找改良社会的工作。

　　你的生活是否被某种责任所限制，这种责任使你不能明哲保身，而且不能逃避？你渴望自由吗？渴望以自己的意愿来决定自己的命运吗？如果你能够追寻着自己选择的道路前行，你将会如鱼得水。有这种渴望并不意味着你与众不同。让我们服从于我们身上所承载的束缚会很困难。那些你最羡慕的人，可能会羡慕另外一些没有特别束缚的人。他们中有人会羡慕你。我们早就该从中领悟到：生活中的束缚经常会引领我们通向更广阔的天地。由于我们在这些束缚下劳作，我们时时刻刻都发现自己沉浸在自怜的状态中，想起那些丰功伟绩的人物，尽管束缚更加严重，或许正因为这些束缚，

---

① 爱丽丝·弗里曼·帕莫（Alice Freeman Palmer，1855—1902），美国教育家。曾任美国卫斯理学院院长和芝加哥大学初创时期的女性委员会主任。后出任美国女大学人协会会长。极力倡导女性接受高等教育，因对教育的贡献，逝世后，被选入位于纽约的美国名人群像堂。

他们才取得了权势。林肯接受的教育很少；达尔文自己身体残疾，却毕生从事研究工作；海伦·凯勒 ① 无法用视觉和听觉感知世界，却卓有成就，让大多数正常人汗颜；路易莎·奥尔科特 ② 为了他所爱的人忍受艰难困苦和孤独寂寞，写下了让人百读不厌的故事；伊丽莎白·巴纳特·勃朗宁 ③ 用歌声让世人感受她的疾苦。历史上有太多这样的榜样，过去如此，未来也将如此。那些想要成为领军人物的人，大多数正在与逆境进行着抗争。

---

① 海伦·凯勒（Helen Keller，1880—1968），19 世纪美国盲聋女作家、教育家、慈善家、社会活动家。她一岁七个月时因急性脑炎引致失明及失聪，也使她无法说话。在 1887 年，借着她的导师安妮·苏利文对她耐心的教导和关爱，并找到专家使她学会发音，让她学会流畅地表达，才开始与其他人沟通并接受教育。海伦·凯勒不但学会阅读和说话，还以惊人的毅力完成了哈佛大学的学业，并于 1904 年毕业，成为有史以来第一个获得文学学士学位的盲聋人士。成年后，她继续广泛阅读刻苦学习，成为掌握了英语、法语、德语、拉丁语和希腊语的作家和教育家。她致力于残疾人事业，四处募捐以改善残疾人的生活环境和受教育水平。她的事迹使她入选美国《时代周刊》"人类十大偶像之一"，被授予"总统自由奖章"。

② 路易莎·奥尔科特（Louisa May Alcott，1832—1888），19 世纪的美国小说家，最著名的作品是《小妇人》，这部小说是以奥尔科特的童年经历为基础所创作的，并于 1868 年出版。

③ 伊丽莎白·巴纳特·勃朗宁（Elizabeth Barrett Browning，1806—1861），英国维多利亚时代最受人尊敬的诗人之一。勃朗宁被公认为是英国最伟大的诗人之一。她的作品涉及广泛的议题和思想。她是一位博学而深思熟虑的人，影响了许多同一时期的人物，包括罗伯特·勃朗宁。她最著名的作品是《葡语十四行诗集》。

正如应该创造对自己最美好的东西一样，我们也要创造出最好的环境，这样才能创造出最伟大的人。你若想进步，就必须脱离原有的那些朋友。另外，如果你不能和自己喜欢的人成为朋友，那么就成为朋友喜欢的人。当一个人开始在这方面下决心的时候，进步会是惊人的。只要尝试，你就会吃惊地发现那些原本与你没有共同之处的人，却和你有着很多相似的品质。

另外，如果你要把别人塑造得更好，你应该先做最好的自己。有些成功人士，没有勇气去正视自己的本性，当他认识到自己那些已经克服的缺点或错误又出现的时候，他便在与外部世界艰难险阻的较量中失去了勇气。世上没有比战胜自己更严酷的斗争。有时候我们会在征服困难和克服错误方面丧失信心。当面临着要在正确与错误中做抉择的时候，是没有现成的书本让我们参考的。对困难不妥协才是对的。

大概是我们高估了自己的能力，我们总是期望着那些不可能获得的东西。巴黎充满了颓废的艺术家，他们曾经想在那里大展宏图，然而他们的梦想却从未实现过。每一个图书出版商对作者都有很多期望，可是他们中的大多数不能被世人所知。

有宏图大志是件好事，但是难以实现的宏图大志却经常挫伤我们的信心。我们中的大多数人在成功的路上会受到束缚。

其中有些束缚会征服你，或者是自然的力量，或者是重大的事件，或者两者兼而有之。但不应该因此改变你的人生进程。面对无法摆脱的束缚，我们应该接纳我们自己，倾尽所有力量去创造让生活成功的可能。

成功的生活——这种人类最高的追求，除了依靠外部环境，还需要机会，以及摆脱纷扰的能力和豁然乐观的精神才能获得。我们最后分析得出来的结论是：利用我们现有的东西，依靠我们自己的力量，努力做到最好。如果一个人能够做到这点，那生活对其来说就不会有厌烦。

　　不幸和失望不能击败他，也不会击败他内心的平静。无论何种境况，他都会说出威廉·亨里①的话：

　　　　无论通路多么窄险，
　　　　尽管考验无法躲闪，
　　　　我是我命运的主宰，
　　　　我是我心灵的统帅。

————————

① 威廉·亨里（William Ernest Henley，1849—1903），英格兰诗人、文学评论家和编辑，以其 1875 年写就的诗作《打不倒的勇者》出名，这部作品在 2009 年上映的英语同名电影《打不倒的勇者》中多次出现。

第十三章

冲突的忠诚

生活中，一些发生在我们身上的悲剧，即使是最平常的，也都源自对自我的权益与对他人义务的矛盾冲突中。难道正因为自私是天生的，才会有如此多的训诫被鼓吹，来提醒我们对他人的义务吗？也许，自我权益的保护是一种本能，使我们不需要这方面的要求和提醒。至少，我们听到别人要求我们要对自己负责的话，要比要求对他人负责的话少很多。因此，一些较真的人开始察觉到，当冲突在两种责任之间产生时，自我游离于责任之外就不足为奇了。可是，我不同意这个观点。有句伟大的名言说得好："其手中拥有必在其手中失去。"我们心中必须铭记，说这话的人给了我们智慧的预言。我们更要批评那些拥有智慧却将智慧埋没的人。

许多认真的求职者持有片面的观点，他们认为权利导致对责任的反抗。当一个人放弃自我，失去自我，毫不关心自我毁灭时，仅仅是在哭诉，"我就一钱不值吗？上苍没有给我负责自己人生的权利吗？我没有以几倍的庄严职责，回报上苍赋予我的才能吗？"

　　这些问题的答案是毋庸置疑的。对自己的责任是其他人没办法承担的。"每个人都必须承担自己的责任",如果我们不能承担自己的责任,其他人就不得不为我们承担。我们被期望做得更多,不单单是承担自己的责任;在同一阶段,我们被要求"承担彼此的负担"。这种前后矛盾只是表面的,不是真实的。

　　在任何情况下,自我意识似乎都可以在语言中找到证明,它是无法被抹去和被践踏的。让我们仔细研究一下"自我"这个词。这个词包含着自谦、尊严和自我价值的含义。

　　以自我为中心要遭受谴责,但自力更生却是一种责任。利己主义是自私的,但泰然自若是值得称赞的。自制和自信令人赞赏。谁会去尊重没有自尊的人呢?自我牺牲会给心灵带来不可比拟的澎湃和震撼,但自我保护是一个人的首要义务。很显然,你有责任去埋没自己和维护自己;也有责任去贬低自己,尊重自己;甚至牺牲自己,保护自己。无论如何,自我是非常重要的,没有了那些关于自我的责任,我们就不是一个完整的人。几个世纪以来,哲学家们为自私的定义争论不休。我们应如何划分自我权益和对他人的义务?英国哲学家杰里米·边沁①尖锐地指出:"除非是为了他自己的利益,不然想都不要想一个人会抬抬他的小手指。"如果他的意思是,每个人都是为了追求自我利益,那么他的观点就是荒谬错误的。要想证明这点,你无须舍近求远,只需要看看母亲为孩子是怎样不吝啬

① 杰里米·边沁(Jeremy Bentham,1748—1832),英国哲学家、法学家和社会改革家。他是最早支持效益主义和动物权利的人之一。

地牺牲自己的。如果他的意思是，每个人都想要做他们最想做的事情，那他的观点是对的。我曾经认识一个女孩，她有个讨人喜欢的习惯，将大部分的零用钱花在别人身上而不是自己身上，对所有人有求必应；她一直在寻找她的个人需要，即她对他人的救济。当她的无私行为得到称赞时，一个同学说：“噢，那不是无私奉献，她只是喜欢以那种方式花钱。”是的，的确如此，但她依然是无私奉献。她强烈的癖好是那些自私的人无法理解的。因此，要把她的行为称为自私，就像将黑说成白，将光明说成黑暗。

自我权益的保护和为他人尽义务之间的冲突有时只是表面的；此外，也是痛苦的现实。要确定什么是表面的冲突，什么是现实，成为我们必须解决的一个难题。一般来说，能够为他人在解决这个问题上提供的帮助甚少；其实，这正是我们在生活中需要独当一面的境遇之一——必须自己做决定，并为其承担责任。随声附和只会陷入困惑。

父母用劳动换来的血汗钱给孩子提供教育，对此，青年男女应该接受吗？在了解所有情况前，我们给不出答案。女儿应该面带欢笑地离开家去追求更远大的理想吗？守寡的母亲，为了让孩子更有前途，使他们成为智慧又有用的人，就应该让自己筋疲力尽，早日终老吗？医生为了找到救治方法，使更多的人可以生还，就应该牺牲自己的生命吗？既可以满足他人的需要，又不危害自己的健康和生命的界限在哪里？

在此，我想指出某些关于我们义务与职责方面的歪理邪说。首先，如果你非常渴望做一件事或拥有一件东西，那么，你的行为是自私行为。中世纪的禁欲主义者奉行这一假设。苦修者为了牺牲而牺牲，白白牺牲自己，没有任何更大的目标。我知道一些按照同样原理去规划自己人生的人。我曾经有个朋友就是这样做的。她一发觉自己在什么事上花心思太多就会立刻停止。受责任的驱使，即使有些事情是她不想做的，她也一定会去做。你有没有想过，有一个愚蠢却无私的家人会有什么不良后果？这样的人会在和其他人的相处过程中不自觉地变得自私。然而过度的无私也是行不通的。有时过度无私不仅不能帮助别人，甚至还会害人害己。正如，愚蠢的母亲用过度无私葬送她们的孩子，妻子毁掉丈夫，姐妹害了兄弟。

那么，很明显，自我责任和对他人的义务是不可分割地交织在一起的。你想要的东西可能对你有利，也可能为他人提供和自己相同的利益。例如，接受教育，会翻倍提升你的价值，不仅对世界是件好事，对那些献身于教育的人更是一种告慰。

自我牺牲是高尚的，如果自我牺牲有必要，最终的结果也是有价值的。例如，没有什么比舍身救人更有说服力的，但我们鄙视无谓牺牲的人，为了没有价值的事情危及自己的性命。我们应该尊敬那些在无私与价值间找到平衡的人。家庭是更大的自我，我们所处的学校、教会、城市也一样。士兵服从国家的命令也是为了大我的体现。当个人的利益与集体的利益发生冲突时，个人利益必须让位于集体利益。总有一天，善良和聪明的人会发现，有一个比国家更大的自我，那就是人类。到了那时，国家与国家之间再也不存在因排位引发的战争。在忠于国家和忠于人类之间再也没有冲突，导致战争爆发的导火索也就不复存在了。

　　除了牺牲生命，牺牲还有很多种。物质的牺牲并不重要，因为它们毕竟是身外之物。而仅次于牺牲生命的是成长的牺牲。令人担忧的是，成长的牺牲经常是在未考虑其价值的情况下做出的。为了服务于他人而放弃教育的年轻人，应该确保其结果能够实现最大价值。我认识的一位母亲，不允许她的女儿完成她上大学的梦想，只因为她不想放弃对女儿四年的陪伴，这是一个卑微的、目光短浅的、自私的例子。她要求女儿做的牺牲是不公平的，因为这种牺牲是没有任何价值的。

　　尽可能地奉献，直到我们一无所有。有一位哲学家说："如果你想成为一个伟大的奉献者，你必须首先是一个伟大的人。"怀抱着使世界富足的梦，并终身践行。这样，你的生活才有意义。

　　第二个谬误是没有人承认重视责任。但如果我们真的不重视，就很难解释我们的一些行为。为了时尚或追求穿着的款式，注定要损害健康。不好的饮食习惯影响消化，几小时以后体力便消耗殆尽了。因此，不要以现在的满意换取未来的幸福。不说其他人，这些对女孩也同样重要。许多女孩好像她确信自己在30岁的时候再也不需要健康和体力了，因此想要在几个月或是几年中挥霍掉她们的所有。她应该明白，在她60岁的时候，她需要的至少和现在是一样的。在未来会有一个让她担负起责任的孩子，而现在，这些孩子有些还未出生。当我们过度倾向工作时，争论同样适用。为什么要在孤独的努力中

度过呢？为什么不多考虑考虑未来的工作呢？有些目光短浅的
年轻人，为了获得教育，花费他们所有的健康资本，只活在被
损害的生活中。

其中我们最关注的一个问题是，认真的人有必要扪心自
问，我们应该同那些没有我们幸运的人，分享我们拥有物质财
产吗？贫困围绕我们时，坚持努力就是胜利。这不是对牛弹
琴。然而，许多人走向另一个极端，不愿为同伴承担任何责任。

这里有一些关于社会道德的问题要你们扪心自问：当世上
的许多人还在为基本生活奔走时，我有没有权利生活在漂亮房
子里，穿着昂贵的衣服，把钱花在旅游和其他乐趣上？在我看
来，答案是，我有权为自己花钱，但前提是它将使我对世界有
更大的价值。如果我将我所拥有的一切都给那些更需要它们的
人或生活在贫困中的人，那么也只会有少数人摆脱贫穷。尽管
这是我的职责所在，但这样无法完成我的追求。然而，对那些
终身都在消费而不创造，只知道索取而不做贡献的人，我们应
该说些什么呢？毫不客气地说，他只是一个寄生虫，为自己的
欲望和享受浪费了别人的成果。我有一个朋友曾经指责她那既
廉价又朴素的衣服。她反复念叨："世上许多年轻人得不到教
育，我怎能花这么多钱在这些衣服上？"

因此，在我看来，忠于自我要求我们，应该尽可能客观地
看待自己。我们不能要求超过属于我们的范畴，正如我们期待
的，我们应该追求属于自己的那部分，这样做并不是享乐或
自私，而是为了使我们能够尽最大可能地服务这个时代。试
问，对于你寻求的每一项利益，尤其是每一项诱惑着你的利

益，你是否有权利去追求呢？也就是说，你能在拥有它的同时
确保对其他人公平吗？如果答案是肯定的，那我们再进一步地
讨论这个问题：它帮助我成为一个更有价值的人了吗？如果
答案是否定的，那么，即使你有权利去追求它，你也应该放
弃它。

第十四章
纪律的价值

　　学生最常问的而且答案最不令人满意的一个问题是：为什么学生必须学习指定课程，或是必须遵守某些规定的行为规范。答案往往是：这是纪律。这句话可能是对的，但有时很难被提问者理解和接受。有人问：什么是纪律？为什么说这是美德呢？

　　谈到纪律，我想我们会给出这样的定义：人类自身必须服从的某些外在的东西，首先人类自身要服从于法律，尽管法律也是人制定的。

　　显而易见的事实无须赘言，哪怕只是一天没有纪律，学校也无法获得学生的尊重。不管规定是由学生还是其他更有权的人制定的，这一定不是出于一时冲动，也不是学生仅仅想为自己追求更高的利益，其规定一定是兼顾了学生的个人利益和学校的集体利益。没有学校可以为成长提供适当的条件，如果所有人都随心所欲的话，除非人人愿意像重视自己的权利一样去考虑别人的权利。无论是外在的强制措施还是一些内在规定，每一个人都必须对整体的利益作出自己的贡献。其结果是制度和秩序，以最大的努力使每个人都服从它。社会成员必须放弃一部分的自由和利益，这种利益对他们来说是较大的自由。学生有时过于思考他们放弃的自由，却很少考虑因放弃自由而获得的利益。

也许，遵守纪律有时让你增加了一些烦恼——又有谁没经历过呢？——当我们要做想做的事情时，有谁没渴望过自由时间？毫无疑问，有时即使是最忠实的学生也渴望"逃学"。然而，约束自我和明确任务无疑可以通往最大的自由。

由于学习没有捷径，因此在学习时，必须思考、比较、推理、记忆，必须学会拥有敏锐的洞察力和准确性。在学校学习时，我们费力获得的知识大部分被遗忘，如果思想服从纪律，就获得了转化问题并解决问题的权利。这项能力物有所值。它对生活价值的增加不可低估。它给予事物自主和控制，是其他方式所不及的。它提供资源，使生活更值得追求。它大大提高了个人对世界的作用。即使要我们付出金钱的代价，那也值得承受这样的心理考验。然而，大多数人不愿意这样做，因此，那些慷慨的人登上了领导地位。

意愿磨炼与智力训练同等重要，又都不重要，因为光靠想是无能为力的，行动才有价值。这点非常必要，就像普通公民不仅应该是训练有素的思想家，更应是正确行动的践行者。同时，这两种磨炼不存在二选一的冲突。它们应该携手并进。

很难说谁才是社会中较大危险的来源，柔弱萎靡者，或是强而固执者。监狱、教养院收容的大部分人是志向与意志薄弱的人。每个团体中都遵循少数服从多数的原则。社会生活中如此，在政治生活中更是如此。固执将可能发展成为邪恶的意志，只以服从自私和卑微为目标，这已得到亘古不变的证明。暴君是由强大的不受管制的意愿形成的。这一类人永远一意孤行，无视他人的权利或感受，专横独断。如果在生活中不注意的话，很多家庭中会出现这样的成员，他的意愿制约着家人，这并不是因为他是最明智的，而是因为他是最坚决的。

　　席勒①说："人的伟大或渺小取决于他的意志。"部队和工业获益于纪律的支持，训练出了精确和调度统一的作风。它们还因此获得耐心和毅力，并且知道如何抵制、坚持、发动攻击和克服障碍。"我的创造力从未像这般服从我，"查尔斯·狄更斯②说，"但应服从平凡、谦逊、耐心、日复一日的辛勤劳动。""天才，"乔治·艾略特③说，"有接受纪律的巨大能力。"他们对此深有体会，因为他们的著作得以完成是长期坚持自我

---

① 席勒（Johann Christoph Friedrich von Schiller, 1759—1805），通常被称为弗里德里希·席勒，罗马帝国18世纪著名诗人、哲学家、历史学家和剧作家，德国启蒙文学的代表人物之一。席勒是德国文学史上著名的"狂飙突进运动"的代表人物，也被公认为德意志文学史上地位仅次于歌德的伟大作家。

② 查尔斯·狄更斯（Charles John Huffam Dickens, 1812—1870），维多利亚时代英国最伟大的作家，也是一位以反映现实生活见长的作家。狄更斯的作品在其有生之年就已有空前的名声，在20世纪时他的文学作品受到评论家和学者的广泛认可。狄更斯的小说和短篇故事继续广为流行。

③ 乔治·艾略特（Mary Anne, "Mary Ann" or "Marian" Evans, 1819—1880），笔名乔治·艾略特（George Eliot），英国小说家。代表作：《佛罗斯河畔上的磨坊》《米德尔马契》等。

约束的结果，如果连伟大的作家都承认这一点，那么在平凡人的生活旅途中，这类磨炼更不应受到鄙视。

有份自己喜爱的工作，是我们一生中最渴望的事情之一。然而，必须承认，世上大多数人在工作时并不愉快。要想愉快地工作，我们要做的事是尽力去适应，即使它并不让人愉快。这需要意志力，强大的意志力，甚至超出你所拥有的。为什么到处都有失业的人？原因（尽管不是唯一的原因）令人震惊。这样的人宁肯由国家慈善机构照顾，他们也不能或不愿把握任何劳动机会。

即使我们受到优待，工作也符合心意，也会有不是特别愉快的日子，且必须履行职责。几年前，艾略特博士[①]，当时的哈佛学院院长，在《劳动的乐趣》中向一群劳工讲述了一件事情。他试图向他们表明，他们不应该指望在其工作的每一个细节都拥有乐趣，相反的，要放眼更大的联系性，为明确的目标而努力。他说，他的一个熟人，从事着在他看来最令人羡慕的工作，每一天要做很多事，且必须由纯粹的意志力完成，根本无法被称为愉快。他说，他所讲述的这个人，能把自己的工作视为完全令人愉快的；然而这绝不是实情，他每天的工作大部分是苦差事，他这样做，只是意识到它在计划中的重要性。可见是遵守纪律的意愿使我们能够毫无怨言地做不喜欢或不感兴

---

① 艾略特博士（Charles William Eliot, 1834—1926），美国学者、教育家。他在 1869 年当选为哈佛大学校长。艾略特把一个地方院校转变成了一所美国知名的研究型大学。艾略特直到 1909 年才结束校长任期，是美国大学历史上在位时间最长的校长。

趣的事情。就像科学家在实验室工作，律师准备辩词，商人不分昼夜地在办公，他们都要花费大部分时间在不感兴趣的事情上。然而，成功与失败之间的区别在于，一个人是否有能力将自己投身于不感兴趣的事情上。

照顾家庭的母亲是否需要纪律意志？事实上，还有谁会比她更需要？在生活中有更多琐事和无休止的劳作，哪里有更美好的前景和更大的视野？在这种情况下，做琐事和苦差事获得赞美是个幻想。

> 谁扫视了你的规则空间
> 使得这种行为受到处罚。

遵守纪律的人学会了尊重他人的权利。英国人常常评论美国家庭是缺乏纪律的典型，其自我主张使得孩子无视他们长辈的权利。这些孩子，成长为青年男女，践踏别人的权利和感受。离开家去外面生活，可以明显地区别被宠坏的女孩和那些幸运地受过管教的同学，她们在明智的家庭中，受过多年坚实和善的纪律管束。她不得不调整自己以适应新的环境，在学校，她的权利不再比其他人更重要。如果她要在学校中赢得任何地位，她必须让自己迅速置身于严格的纪律之中。如果她没有做到，她必须为此付出代价。直到她成为被社会接受的成员，她才可以得到生命中的位置。为什么每个女孩应该有离家住校的这部分经历？最好的原因之一是，和同学相处能培养健全的纪律。

　　运动场是世界上最好的彰显纪律的地方之一。为美好的世界克己，构成了每场比赛成功的基础。好的"工作团队"不允许任何队员对其他队员傲慢。少了自我克制和自我控制，纪律严明的比赛就无法进行。

　　你会发现训练有素、纪律严明会成为最宝贵的资源，使你能够做应当做的事，不管你是否喜欢它。那些在每个时代取得真正成功的人，有着巨大财富的人不都是因拥有这种力量吗？在学习裹着糖衣并且用一切可能的设备制造吸引力的今天，强调这一点是合乎情理的。这似乎是一些教师的目标——事实上，是某些学校的教育目标——管理者对学生花最少的精力传授最多的知识。其实，每一种设备和条理都是有害的，它剥夺了学生自己的见解。付出得越真诚，得到的越好。我们都知道，那些想不费力气学习的聪慧学生，往往因为觉得学习乏味无趣而较晚地步入人生正轨。原因之一是，她们是被迫接受，而勤奋与坚持是年轻人获得成功的代价。

　　经历一代人研习，曾经死板的课程变为少数好的选修课之一，这是一个巨大的进步。当然不要理解为，没有乐趣比充满乐趣的学习要好，我坚信的与此恰恰相反。然而，在选修课程时，学生有根据自己的意愿选择的倾向。而我则建议学生选择自己不喜欢的。回想我自己的学生时代，想起克服高难度研究课题中的特别难题并掌握它的喜悦，我想应该给每个学生机会，让他们拿自己的某一课题与之衡量，尤其是对他而言相对困难的课题。这会增强思想力量，从而培养信心和力量。你是不是难以忘记掌握困难的问题或课题的时刻，仍然能感觉掌握时的喜悦？你突然开始注意新的潜力，那么你怎么能相信你受过教育？关于学校和学院的学生倾向于选择"单元课程"，迪安布里格斯说，"对于任何责任重大的工作，我们希望负责人从小就能进行自我管束，能将思想的懒惰去除。"仅仅是及格分数就能满足的态度，是学风差的表现和对理想的背叛。对此满意的人，忘记了教育的真正理念。

我们发现，在生活中，大多数人必须做的最重要的一件事情是克服障碍。它们围攻每条小路，不是它们死，就是我们亡。生命不会给任何人方便。有时候，我们会遇见给我们印象深刻的人，他们可以克服任何困难形势、任何错综复杂的境遇。无论他们承担什么，哪怕障碍重重，我们都坚信，他们会渡过难关。这样的人信心满满，无论他们身在何处。我们本能地认为，他们可以被安心地委以重任。朱莉娅·沃德·豪①曾经说过，她从来不说不可能，因为她将摆脱不可能并达成目标！

我想，就战争而言，是纪律让士兵们冲锋陷阵，步调一致。当然，对他们而言，除了战争，没有任何事情可以吸引他们。士兵是纪律的体现。会命令别人的人，首先要学会服从。通过服从纪律，然后我们得到权利。第一个声称领导世界的人，将是一个完全掌控自我的人。

---

① 朱莉娅·沃德·豪（Julia Ward Howe, 1819—1910），美国的废奴主义者、行动主义者、诗人以及爱国歌曲《共和国战歌》的作词者。

第十五章
成功的人生

　　什么是成功？可能人们给出的解释各不相同。但总有一点是一致的，就是无论怎样，我们都想成功。的确，在这个世界上，成功是我们最想得到的。那么，如何获得成功呢？这个问题是现在各类学校正在讲授的课程。回首往事，一旦生活中充满失败，活下去的勇气荡然无存。很多人有过这种经历，他们就像被拉到岸边的一艘残缺的船只，桅杆断裂，罗盘破损。然而他们也曾年轻，对生活充满希望，期待一种完全不一样的生活！有时候我们认识不到在学校学习是为了我们远航做准备。每天我们都学习航海图和指南针的使用方法，从地图上了解哪里存在危险，哪里能找到安全路线。为了自己的人生和名誉，要想获得令人钦佩的才能，不妨研究一下那些有才之人的人生，试着让他们说出成功的秘诀。在史书上，我读到了一个又一个成功人士的人生，一些共性凸显出来。

　　我们随意选出十几个真正成功的人生来认真研究和比较。从外因你会发现他们有着巨大的差异。比如：一个是幸运儿；一个却与贫穷艰苦斗争。一个出身名门，传承着几代人的文化、品格和成就；而另一个人却身世不清，得不到任何家族的资助。他们的人生目标与所得到的财富各不相同，然而在每一个杰出人物的人生中均有一些清晰的、共同的特点。

首先，我所知道的成功人士都有明确的人生目标。我看见他们为了这一目标不懈地努力，将任何诱惑置若罔闻。一个好的水手知道要去往什么地方，就不会一味地改变航向。他不灰心、不气馁，坚定地向着心中的目标航行。人生中很多的失败都是因为没有目标造成的。在我分析的众多的成功人士中，没有一个是只寻求个人快乐的。他们有远大的目标、宏伟的抱负，致力于为他人谋福利，为人类求发展。想想林肯和菲利浦·布鲁克斯会把自己局限在一些微不足道的小事中吗？哪怕只有一天！自私的人生是一种失败，"在少数人面前妄自尊大，就让他做多数人的奴隶"。真正成功的人生都是在这个原则基础上铸就的。他们并不特别在意是否伟大、是否出名，而是迫切盼望履行责任。成千上万的人都觉得自己不幸福，如果他们不再询问自己是否幸福，而是为他人去做些事情，或许能够找到幸福，走向成功。

真正成功的人都是相信自己、相信别人。离开这些信任，任何人生都不完美。

我们必须相信自己，因为我们常常会高估自己能做的事。就我们而言，因为自卑而畏缩不前并不是谦虚，而是懦弱的表现。卡莱尔说："自信是英雄主义的根本。"这并不意味推崇过分自信。我们都知道世上会有一些对自己能力估计过高的人。这些人令人讨厌，经常被愚弄。那些总是试图做成大事，却总是以失败告终的人理所应当受到谴责。然而，大多数人失败的原因并不是过分自信。我们应该在懦弱的意识中注入相信自己能力的元素来与过分自信抗衡。而不自信是阻碍发展的。那些能够做出许多大事情的人，通常具有极好的自信。一种离自负相差甚远的自信。一位为玛丽·莱昂①写传记的作家说："她具有辨别可能或不可能做到的事和做起来仅仅有难度的事的非凡能力。"这是一种我们大家都应该掌握的能力。年轻人应该记住：我们有权用我们最优秀的能力去评价自己，而不是用最差的能力去评价自己。没有足够的经验来发现自己的潜能，精神方面亦有高潮和低谷，情绪方面也会有忧郁与满足。敏感的人认为最差的自己才是真实的自己。实际上，并非如此。下面的这首诗可以表达出所有人的感受。

> 在世间的神殿里有一个群体，
>
> 有人谦虚，有人骄傲。
>
> 有人像爱自己一样爱邻居，
>
> 有人无所求却名利双收。
>
> 有人为自己的罪恶而伤心难过，
>
> 有人自鸣得意不思悔改。
>
> 如果确定我是哪一个，

---

① 玛丽·莱昂（Mary Lyon，1797—1849），美国教育家，妇女教育运动的先驱者。美国曼荷莲女子神学院（现为曼荷莲学院，为美国七姐妹学院之一）的创办人。从医学界先锋到普利策奖获奖者，曼荷莲学院以培养不同领域女性领袖而著名。莱昂任首届院长达 12 年之久。

我将无忧无虑。

如何在复杂的人群中确定出哪一个是真正的自己，只要清楚一点：处于最成功时期的你才是真正的你。你不追求名利，像爱自己一样爱着邻居。对自己的错误总是坦然悔过。真正的人生是我们处于巅峰的时刻，而不是低落的瞬间。相信我们具有最强大的能力之时，正是我们的设想最真实之日，实现自我的首要一步是相信自己。我们处于巅峰时期所拥有的最佳自我，一定会将幻想降到最低点，我们从中获得灵感和动力。

宝剑锋从磨砺出，
梅花香自苦寒来。

如果你想真的成功，就必须相信他人，多疑的人永远不会成为别人的恩人。对你帮助最大的人就是对你最信任的人。所以如果你想帮助别人，必须信任。每个人都是有缺点的，但仍然要看到他的闪光点，这是非常难能可贵的。如果你不具备这种能力，就要朝这个方向努力。永远不要在别人身上寻找自私的动机，而要挖掘其潜在的优点。尽管它像刚出土的嫩芽一样微小，仍要给它帮助，让它苗壮成长。有人期待我们把事情做好是件很鼓舞人的事情。

我们对他人的信任使他们非常自信。给他人最大的帮助莫过于增加他们的自信心，相信他们的能力。做一个激发信心的人是我们的荣幸。从认识的人那里，我们感觉一切皆有可能。他们会给我们鼓励，激发我们的热情，让我们相信自己。这种非凡的能力是在丰富的精神生活中形成的。作为激发信心的人，自己对待人生的态度必须正确，必须表里如一。周围充满了希望与鼓励。悲观的人、玩世不恭的人、厌世的人，永远不能成为激发信心的人。具有这种能力不取决于我们做了什么事，而取决于我们是怎样的人。

随着年龄的增长，我们都或多或少地遇见过自私的人，或者被骗子欺骗，所以得出了这样的结论：信誉、忠诚和无私帮助根本不存在。要坚信人性是善良的，有人骗过你吗？即使有，也要再相信他一次。

很难找到一个成功的人，却不相信上帝，如果我们相信这个世界仅仅由偶然来掌控，相信生活没有意义和目标，相信错误的东西最终可能会战胜正确的东西，又怎么能够保持自己的生活既安定又充满希望呢？但是，人生中重要的组成部分应该是相信智慧、善良是宇宙的统治者。相信宇宙的威力与正义同在，美好的愿望最终一定会战胜邪恶。当恶势力似乎占上风的时候，相信这只是暂时的，该是多美好啊！也许你会因为这个世界不能秉持公平而烦恼。你知道邪恶的人经常成功，而正义的人往往遭受失败的痛苦。可能你会因为不理解其中的原因而烦恼。毫无疑问，要完全理解不容易，但更好的办法是，作为宏伟计划的一部分，以平常的心态去接受。我们都需要人生的理论、人生的哲学。否则，生活就不会充实。相信"能力创造正义，而不是我们自己"的人能够保持乐观、安宁，相信任何事情都会有好的结果。无论发生什么事情，都不要相信这个世界即将毁灭，即使是有史以来最残酷和不必要的战争，都不能动摇确信世界会逐渐变好，而且会越来越好的信念。当他们代表公正的时候，自信为上帝而战。结果是上帝总是胜利者。

我相信有一贯成功这种事。有些人就有这种习惯性。无论在何时，也无论在何地，他们不可能不成功，为什么？两个原因，一是有明确的目的，二是百折不回的毅力。做到这两点，还有什么能打倒我们呢？

"胜利属于安心工作、目的明确的人。"失败有时候会降临，那又怎么样？一往无前的精神仍然会给予我们鼓励，勃朗宁相信"跌倒了站起来，在挫折中成长"这句至理名言，每一个勇敢、坚强的人都相信。这就是我所说的"习惯性成功"。这种人生态度一定会成功，无论是失败还是挫折，都是以后的经验教训。你看得到，我对成功的解释并没有过多地涉及财富、地位、名誉以及许多人愚蠢地认为暂时成功的事例。只有掌握了生活艺术的人才是真正的成功者，无论是否闻名。不要认为人生的成功是用幸福的多少来衡量的。有的人一生充满幸运、健康的身体，充足的收入和亲密的朋友。有的人却麻烦不断、贫穷、疾病和悲伤。如果我们不能分辨，很可能会认为一个人只有遭到命运残酷打击才算是失败。必须懂得只有灵魂才能知道一个人是否成功。我们必须知道社会对他的评价。

学校的生活就是教给你们道德的价值，告诉你们哪些东西最有价值。能够给一个人最终带来成功的品质，在他生活的准备阶段也是必备的。机会无处不在。有些人注意不到，无视它

的存在。而另一些人抓住机会，充分利用。两名学生并肩坐
着。一个感觉迟钝、无精打采，浪费时间；另一个认真、注意
力集中，抓住每一个完善自己的机会。在两个人后来的生活
中，一个因为冷漠和懒惰的习惯而事事失败，另一个把他的能
力集中运用于手中的工作，赢得了成功。人生是否成功并不全
是机会的问题，当然也有性格的问题。

第十六章
妇女的进步

文明史，尤其在过去的一个世纪，呈现给我们的所有奇迹中，最为显著的莫过于妇女的进步。当我们给后代讲述政治和宗教自由的故事时，为了让他们更加珍视和守护文化和宗教的自由，所有的妇女和女孩都应该知道，她们现今之所以能在世界上大部分的开化之地有这样的地位，那是无数人持久抗争奋斗的结果。尽管奋斗的过程是痛苦的，但其历史意义却具有指导性和激励性。如果我们能够确切地知道过去的世界对于女性地位的公众意见，我们就能更为真实地确定这种趋势是否还在持续。

头脑简单的人很容易就这样揣测，世界本来就这样，社会风俗和习惯都是神赐的规定。这就是为什么我们要从历史中学习。任何有着开阔研究视野的人都认可这一事实：我们的世界是一个整体，人类社会也一直在向前发展。每一代人都有义务去了解过去的智慧，并给后代留点儿东西。

关于所谓的"妇女问题"有许多的说法，最为世人所熟知的，是妇女被赋予选举权。所有被提及的以及今后可能要被提及的问题，都可以归结为如下一到两个全能问题：有没有一种自由、权利或者机遇只对男性适用而不适用于女性？如果有，谁有权来接受或拒绝？

过去的时间里，许多压迫妇女的保守思想都已被扫除，其他的也正在消失。然而讨论还在继续，有时热烈，有时平和。新一代女孩正在成长，她们中的每个人都颇受关注。在什么样的社会下这些女孩才能更快地取得她们的地位？妇女的任务和责任与过去有何种程度的不同？今日的女孩将成为未来的妇女，她们应该以开放和智慧的思想走进新世界。

仅仅在数百年前，哲学家们还在严肃地讨论女人是否有灵魂这一问题。随着时间的流转，如此愚昧的思想意识早已荡然无存，但是以今天的理智的观点看来，一些极其疯狂的思想意识却一直存在。

任何时代的文学作品都反映了当时的公众意见，如果我们想了解那时的妇女被怎么看待以及她们内在的最为可取的思想，我们只需阅读那时的文学作品。欧里匹德斯①反映了希腊人的情感，他的作品中伊菲革涅亚②对阿喀琉斯③说："一千个妇女的死亡要好于一个男人的死。"拉丁格言："惟隐者最逍遥。"直接道出了罗马帝国时期妇女的地位。中世纪浪漫时期，妇女们活着似乎只是作为比赛的奖励，或者是让骑士侠

---

① 欧里匹德斯（Euripides，公元前 480—公元前 406），与埃斯库罗斯和索福克勒斯并称为希腊三大悲剧大师。他一生共创作了 92 部作品，保留至今的有 17 部。对于欧里匹德斯的评价，古往今来一向褒贬不一，有人说他是最伟大的悲剧作家，也有人说悲剧在他的手中衰亡。无论这些评价如何反复，毋庸置疑的是，欧里匹德斯的作品对于后世的影响是深远的。其著名悲剧《奥利斯的伊菲革涅亚》描写特洛伊战争前夕，阿伽门农为了摆脱阿耳忒弥斯所制造的无风天气，必须献祭其亲生女儿伊菲革涅亚。为了将后者从家乡骗到举行献祭的奥利斯，阿伽门农在家信中假称要将伊菲革涅亚许配给阿喀琉斯。伊菲革涅亚来到奥利斯后，虽然得知残酷的事实，却坦然地乐意为了大局而奉献自己。目睹这一幕的阿喀琉斯很受触动，于是当即向伊菲革涅亚正式求婚。此后阿喀琉斯为了维护伊菲革涅亚而遭受士兵围殴，并在祭典举行时将仍忠于他的士兵聚集于祭台之下，准备随时上台抢人，后在伊菲革涅亚的劝说下没有实行。最终，伊菲革涅亚消失在祭台之上，由一头公鹿取代了她的位置。这件事成为阿喀琉斯传说中的一段情史。

② 伊菲革涅亚（Iphigenia），阿伽门农和克吕泰涅斯特拉之长女。为古希腊剧作家所喜爱的悲剧人物。

③ 阿喀琉斯（Achilles），古希腊神话和文学中的英雄人物，参与了特洛伊战争，被称为"希腊第一勇士"。

客借以展示其英雄气概。在乔叟①时期的故事里，如格里塞尔达②的故事，主要强调这样的结论，那就是她因其对巨大冤屈和最为严酷的不公的顺从而受到最高的尊敬。菲尔丁③、理查德森④以及其他 18 世纪的小说家们所描写的女子形象，性格软弱、情感脆弱，当我们了解到她们被赋予的毫无目的可言的生活时，这些形象唤起了我们的同情。然而，我们也不能忘记每一时代都有对于典型的显著期望。从黛博拉时期甚或更早，每一代都有其"新女性"、异己分子，她们坚持独立思考。大部分莎士比亚作品中的女主角都是这一类型。

从上古起，法律重重地压在妇女身上，罗马法即如此。罗马法规定，妇女不是公民，也不享有公民的权利和义务，她们处于被永久监护的地位。其实，我们不必回到罗马时期去寻找歧视女性的证据。在这个国家，仅仅在一百年前，斯德哥尔摩省是第一个准许妇女立遗嘱的省。不久，乌普萨拉省通过了准

---

① 乔叟（Geoffrey Chaucer，1343—1400），英国中世纪作家，被誉为英国中世纪最杰出的诗人，也是第一位葬在西敏寺诗人角的诗人。代表作：《公爵夫人之书》《众鸟之会》《特洛伊罗斯与克丽西达》《坎特伯雷故事集》等。

② 格里塞尔达（Griselda），乔叟《坎特伯雷故事集》中《商人的故事》的主人公。

③ 菲尔丁（Henry Fielding，1707—1754），英国小说家、剧作家。其代表作品《汤姆·琼斯》对后世影响较大。

④ 理查德森（Samuel Richardson，1689—1761），英国的一名作家及印刷商。代表作：《帕米拉》《克拉丽莎》《查尔斯·格兰迪森爵士的历史》等。

许妇女有自己的着装权利的法案。其中有的法案确立起因于诸多的惨剧，为了避免孩子落入他们无良的父亲之手，许多半疯狂的妇女杀死了她们无辜的孩子，这一事件促使卡尔马省立法机构废除了父亲是孩子唯一监护人这一法条。

在那些非基督徒统治的世界里，妇女的进步更为缓慢，有着比基督教世界更多的障碍。确实，这些国家的妇女一定向往生活在基督教地区，在那里她们可以得到拯救。佛教——日本的主要宗教，告诫妇女要想上天庭的唯一希望就是转世为男性。儒教——中国的主导宗教，一直强调十女不如一男的观点。在婆罗门信仰里，妇女被禁止阅读经文和祈祷。在印度，曾允许将寡妇烧死在其丈夫的葬礼上献祭。一个穆斯林男子祈祷道："哦，真主安拉，感谢你使我生为男性。"并且《古兰经》也告诫女性，其唯一可以得到拯救的机会就是绝对地忠诚于丈夫。

在任何艺术或行业中，妇女都不能享有至高的地位，这一事实经常被引用以证明女性天生卑微。一直以来，男性可以获得诸多至高荣誉和奖励，甚至于直至近代，我们还很难想象妇女可以写作、画画，甚至创作音乐。然而令人吃惊的是，有众多的妇女敢于藐视公众偏见，并在诸多领域展示其天分。乔治·艾略特以一男性名字写作，获得极高声望。多萝西·华兹华斯 [1] 的诗歌天赋极大地为其兄的声誉增辉。很少人知道费利

---

① 多萝西·华兹华斯（Dorothy Wordsworth, 1771—1855），英国作家、诗人、日记作家。英国著名诗人威廉·华兹华斯的妹妹。

克斯·门德尔松[①]的"无言歌"（Song without Words）中的许多歌曲都是其姐芬妮[②]的作品，这是在他最新的传记里叙述的。卡洛琳·赫歇尔[③]，是另一位因其努力而为其兄———一位伟大的天文学家威廉[④]，带来荣誉和名声的女性。如果上述任何一位女性生活在 20 世纪，那世界就会为其天才头脑的辛勤劳作而授予至高的荣誉。

19 世纪后半期妇女被给予受教育的机会，并因此带来如下的结果：她们开始探究并要求所有的权利，这一发不可收，直至其最终获得所有的诉求。她们索求什么呢？那就是清除所有阻碍她们获取自由的势力，除此无他。自然给予她们的阻碍和由此让她们所背负的限制，无法抗拒，必须遵从。对此，理智的女性不予争吵。而那些人为设置的障碍，她们决心要清除。中国的妇女们意识到，除了裹脚这样的肉体摧残外，她们

① 费利克斯·门德尔松（Jakob Ludwig Felix Mendelssohn Bartholdy，1809—1847），德国犹太裔作曲家，生于德国汉堡的富裕家庭，逝于莱比锡。门德尔松是德国浪漫乐派最具代表性的人物之一，也是一位共济会会员。

② 芬妮（Fanny Cäcilie Mendelssohn，1805—1847），夫姓为亨塞尔（Hensel），德国女钢琴家、作曲家。费利克斯·门德尔松之姊。

③ 卡洛琳·赫歇尔（Caroline Lucretia Herschel，1750—1848），德国天文学家。威廉·赫歇尔的妹妹。为纪念她在天文学上的贡献，小行星 281"卢克拉雷蒂娅"以她中间的名字命名。

④ 威廉（Frederick William Herschel，1738—1822），出生于德国汉诺威，英国天文学家及音乐家，曾作出多项天文发现，包括天王星等。被誉为"恒星天文学之父"。

还背负了太多的精神压迫。即便是妇女们取得了诉求的每一项权利和机会，对于撑起半边天的她们，生活依旧不太容易。

妇女们渴求数年而徒劳无功的事情之一就是受高等教育的权利。100年前，我们国家没有一所大学招收女性。思想保守或刻板的男性——也有女性——都在争论给予妇女教育权利没有用，他们没有能力接受，即便有一些能接受，那也是偶然现象或者是其先天的禀赋。最终的结局是，由于其神授的家庭责任，妇女不适合接受教育。现今没有人理会这些愚蠢的恐惧。每年有数万名妇女从大学毕业，而这也无损于她们的健康，由于其更为开阔的视野和广泛的兴趣，她们更好地为人妻或为人母。

妇女追求数年的另一个诉求就是工作的权利，即在她们和想要的工作之间没有人为的障碍。世界给予了她们这一权利，尽管缓慢并有些不情愿。无论何时，妇女走出家门寻求一份报酬更高的工作时，都会招致不适宜的口实。然而，要回到100年前妇女不被允许工作的状态，并不比使峡湾大瀑布倒流容易。统计数据显示，在我们国家有超过500万的妇女从事各种收入颇丰的职业。

也许你会问，为什么妇女们都要走出家门去找工作呢？为什么我们就不能回到过去的美好时光里？那时的妇女都在寻求庇护和家庭的安全港湾。对这个问题的回答相当复杂。50年前，哈里特·马提诺①写到英国的情形："一个社会组织构建

① 哈里特·马提诺（Harriet Martineau，1802—1876），英国社会理论家、作家。通常被誉为英国的首位社会学家。

的一半人待在家中，而另一半外出工作，这显然不能满足有四分之一的人留在家里而其他人外出工作的社会目的，在新的情况下，这种事情必须采纳新的观点。"

在回答为什么有如此多的妇女外出寻求有报酬工作的问题时，有一个广泛的非议。通过回想你所熟悉的通过外出工作求生存的妇女和女孩子，你自己可以很好地回答这个问题。问问她们为什么不放弃现在的高薪职位回到"家的庇护所"。她们可能会告诉你，家里没有足够供养她们的经济基础。很多时候她们也会告诉你，她们的辛勤劳动是家庭的收入来源之一，用以维持家庭开支和抚养孩子、赡养老人。

有些人的说法也许会引导你这样想，妇女们是否可以像她们的老祖母们那样，仅仅在家里织纱纺线。假设她们真这样，她们的劳动力就没有市场，谁来挣足够的钱来养活她呢？如果你了解100年前每个家庭的实际情况，你会发现那时和现在的生活条件差异巨大。

那时，大量人口都生活在农场，以此来获取所有人的物质给养。而这许多年里，人们都向城市发展。过去在家人共同努力下在农场可过上小康生活的人，现今都在商店、工厂从事相关的工作。而其薪水通常并不足以供养全家人，妇女必须出力帮助男人。之前每个男人都有几个依附于他的女性亲戚，除了妻子和女儿外。现今，一个有自尊心的妇女都愿意过自给自足的独立生活。

更进一步来说，许多最有收益的工作都被挤出了家庭的范围。各种各样节省劳力的发明每年层出不穷，水力、风力和电力一起剥夺了妇女的古代特权。在机器发明以前你的老祖母给家人，包括男性织造所有的衣物。甚至，她和她的助手一起用纺出的羊毛线来纺织衣物。用经其编织后的亚麻和羊毛制成成衣，但现在这些都不必再在家庭生产。现在一个人要穿衣，他必须得有钱。英国的拉斯金纺织厂是 20 世纪手工作坊的典型，但这些纺织机生产的产品成本极其高昂。

在你老祖母的家里，所有家庭必需的轻工产品，无论是石蜡还是牛油蜡烛，都是自己生产制作的。我们现今需要煤气和电力照明。而所有的居家食品都在工厂生产。所有的罐头厂和工厂都以比家庭更为低廉的成本在生产食物。以家庭作坊原材料的价格就可以买到成衣。

我所要说的就是劳动力从家庭作坊向工厂的转移，需要妇女们富有成效的令人满意的劳动。这也导致了她们普遍的休息时间减少。抗议劳动力闲置，导致了许多的妇女要抓住每个生产岗位上诱人的工作机会。

当家庭不再需要她们时，本能在促使她们在外边找到活动的机会。如果你有在这个世界做点事的渴求，就不要怕丢脸。你也许从事的是不适合女性的工作，但这样做并不意味着你就有男子气，尽管这十有八九都是男性在做。当我发现一个女孩子，很认真地通过她力所能及的方法做一些工作，以维持生计，我都会很高兴。父母不给女儿设定任何明确目标，不给她们灌输女孩需要人照顾和保护的思想，这么做是否明智？谁被保护，谁能被保护，今天堆积的财富，明天就有可能消失？

在妇女进步的进程中，是否给予妇女选举权这一问题仍激荡着当今的世界，就像以前她们受教育的问题一样。我们没理由不对此感兴趣。我们可以大胆宣布，任何一个瑞典的年轻妇女，只要其生活在一个明理的时代，都不愿失去投票的权利。不管你信不信妇女普选，而且，不管你同意不同意，迟早在你的手里都会有一份所有权的文书，男人为之奋斗数百年，有人为之牺牲；为了它，很多女性长期地在奋斗，为了它，她们中许多人也愿意牺牲性命。危险就是当妇女选举普及时，就如同我们一贯的那样，我们不再记得这张选票的价值，我们不再珍惜它，我们粗心地使用它，就如同之前许多男人那样。这就是这个世界的方式。一代人用巨大的代价获得，而下一代却认为理所当然。一个杰出女性，尽管其一直在为保护妇女的高等教育权利而努力，却因出生太早而无法享受其权利，这里就有个例子。她的孙女，刚从大学回家，对她说："奶奶，我想你肯定没有上过大学。大学太好了。"为了让她能接受大学教育，很多人进行了漫长的艰苦奋斗，对此她所知甚少。

为什么妇女渴求选举权？无论你援引什么论点赞成妇女普选，我们通常都以平等为首要原则和最基本权利：法律面前人人平等。它不完全是一个合理普选的问题，而是自由与平等的问题。随着世界的进一步开化，自由越来越成为首要原则，直至所有省符合公民身份的成人都被赋予选举权。

就我看来，以下几点原因可以说明为什么妇女们应该有选举权。

首先，为了她们能好好地供给家人，为其家人提供健康舒适的家。在过去准备食物纯粹属于妇女的神授职责，如我所言，现在不是了。灌奶厂、面包房、罐头厂等，每个家庭都依赖其福祉。食物掺假和假冒需要防范。我们都知道消费者协会已经为之奋斗了数年，并且其他的公益机构也在防范甜品店。脏乱环境下有害病菌会潜伏在衣服里。供水污染和有害污水会将疾病和死亡带进千家万户。选票不是用来消除这些威胁千家万户的危险的唯一办法，但可能是最为有效的。

另外一个原因，妇女之所以参加选举是为了她们孩子的精神健康。只有选票在手，才可以消除沙文主义，控制公共舞厅、低俗剧场或者移动图片展，以及其他的道德腐败源头。选民们可以建立图书馆、艺术展馆和公园。

为保护和帮助那些不能自理的人；为消除使用童工，为确保人性化的工作时间和妇女的合理薪水，也为了更好地保护女孩子免受诱拐，妇女应该参加选举。也是为了在诸如养老金、母亲养老金、工业保险、监狱改革、对弱势群体的照顾以及其他形式的公民福利等公共福利措施制定中有她们的发言权，妇女应该参加选举。因为这有助于消除对妇女的不公正的歧视。即便是在这自由的王国，妇女要取得与男子相同的法律上的平等权利，还有很长的路要走。赋予妇女以选举权，将加快这一进程。就在不久前，一位乌普萨拉省议员呼吁对该省一部古老的法律出台司法解释，以确保其抛弃妻子的父亲拥有对其儿子的监护权。乌普萨拉省并不是唯一在法律分离案件中对妇女不公的省。根据最新的权威报道，仅有十二个省的妇女拥有和男子同样的对孩子的监护权。在有些省，父亲有更大的权利取得孩子的监护权。在瑞典的许多省，丈夫有权控制妻子的财产，并且可以占有其工资。每个妇女都应该坚定地尽其所能来消除这些不公平的法律。

妇女参加选举还有一个更重要的原因，那就是为了她们自身的成长和壮大。在数百年前，妇女们没有丝毫的自由可言。她没有婚姻自由，婚姻无法自己做主，没有作为妻子的平等权利，对孩子没有法定的监护权。她们不能拥有财产，没有受教育的机会，她们从生到死都由他人决定，而不是她们自己。人们只需阅读诸如勃朗宁的长诗《戒指和书》中的故事就可以理解，在进化的过程中，在有关妇女权利更为民主的思想来临之前，人们观念中的妇女苦难深重的想法是错误的。妇女取得了多么大的进步啊。读过这个故事的人，对妇女更大的进步就会很有耐心，并且对其实现相当有信心，就像星球在其轨道上运行一样确定。并且，我们不能忘记，妇女们的每一次进步，都有许多强壮无畏的男性的支持，否则她们不会取得现在的地位。那些试图设置女性利益与男性利益对立和挑起他们对抗的人在这个世界没有立足点。让我们永远记住男性和女性的利益绝不是相互矛盾的。

> 女人的事业是男人的；她们潮起潮落，
>
> 放纵或者自由；
>
> 如果她们是渺小，微不足道的，不幸的，
>
> 男人怎么成长呢？

第十七章
快乐的源泉

　　这个主题的重要性我无须赘言。难道有人会不知道快乐是全世界的人都在追求的东西吗？除了相信财富可以带来快乐之外，为什么男人们为了积累财富而辛勤劳作、打拼争斗甚或大动干戈？大多数人的行为，不管是有意还是无意的，都极有可能将其最终的目标指向追求快乐。"我们都想隐藏自己的真实想法，不让他人识破，然而，通常我们都希望快乐越多越好。"这是一个作家在论述道德时所言。可是，现在我让你相信快乐是生命至善。所有健康的人都是幸福的。他们或许会失落或悲伤，但是快乐反弹之力甚巨，不久会再次袭来。很显然，造物主要我们幸福，关于生活任何其他理论都没有这个重要。中世纪的修行有一个错误的认知，那就是受的苦越多，越能更好地感动上苍。我们概念中孩子和动物的快乐通常都是福祉的一种标志，如果一个小孩子显得很高兴，我们就感到这一切都好。所有儿童那些欢快的游戏都展现了深深根植于他们身体的一种愉悦。越是远离这些，我们从自身的最深刻的欢乐中获得的安慰就越少。

　　幸福很重要，并不仅仅因为它是我们一切都好的标志，更是因为静寂意味着一切都运作良好，并且，幸福的生产性超出了其本身。如果我们高兴，我们就能更好地工作。快乐有令人振奋的功效。如果我们快乐，我们就会带给身边的人以快乐，并且因此为这个世界增加了快乐。快乐不仅仅防止摩擦出现，更是消除了摩擦。其不仅仅是健康的标志，更是健康的原因。享用晚餐的人要比把吃饭当作例行公事的人消化得更好。如果快乐是如此的重要，那我们就会问怎么样才能永葆快乐。

　　我们可以很正当地说我们想得到和其他目标一致的所有快乐。说到快乐，对于它的一个错误的态度就是我们必须不惜代价地得到它，无论牺牲多少无辜的人都要得到它。这是很多在富裕条件下长大的年轻人的态度，他们已经养成了一个致命的思维习惯，那就是，无论他们想要什么，都必须得到满足。有人想对这些年轻人说，幸福并不取决于我们拥有什么，而是取决于我们本身是什么。对住茅草屋不满意的人肯定也会对住宫殿不满意，因为即便生活在宫殿里，他也是独自居住。住在宫殿里的灰姑娘并不比住在破屋里快乐，因为她的快乐并不依赖于外部物质条件。她的快乐取决于她对世界、对工作、对她所遇到的麻烦所持有的态度。然而，那些不快乐、不满意的人都把不快乐的原因归咎于他们没有拥有某些东西，或者缺少比他们幸运的朋友所拥有的一些东西，他们认为拥有了这些，才能给他们带来完全的快乐。乔治·艾略特写道："人不该沉浸于对某一物的追求，即使在稀缺中你得到了它，也未必有你想象的那样好。"快乐并非唾手可得。当我们感觉其离我们近在咫尺而伸手欲抓时，快乐却溜走了，我们又得再一次开始激烈地追逐。许多人都以这种毫无头绪的追求方式来度过他们的人生。而恰恰是当我们放弃追求，专心我们的生活琐事时，快乐又回来并在此扎根。"欲得之，须忘之。"

你是快乐的，那为什么还要讨论如何保护这些为你所拥有的并未失去过的东西呢？快乐有很多种，有些更加让人满足，甚至更为长久。我们要知道，快乐是经得住考验的。在你的生活中，你已经拥有了世界上最为美好的快乐。如果你想弄清楚到底什么是最美好的快乐，那你得从头开始。年轻意味着几乎所有的生活你都可以体验，意味着没有什么不可挽回的错误。有许多虚度生命的人都想用他们所拥有的一切来换取年轻，以及从头再来的一次机会。倘若你拥有健康，那些老弱病残者最羡慕的就是你强健的体魄。然而，就像我们所拥有的其他东西一样，我们一直认为健康是理所当然的事情，直至它离我们远去时，我们才懂得它的珍贵。你拥有人间真爱，无论你是谁，都会有人因为你的出现而使他们的生活更为明朗。

年轻、健康、爱都属于你，那你为什么还不高兴呢？我已经说过，你是快乐的。幸福并不是一个可给予的礼物。你所拥有的快乐是最有价值的。

毫无疑问，你常常被人告诫学校生活是人生中最快乐的。一些成年男女非常热衷于鼓吹这一说法。但是这是一种错误的理论，因为他们的话暗示，随着时间的流逝，他们无力使自己的生活更加丰富深刻。"我从来不相信，"乔治·艾略特说，"我们最年轻的时光是我们最为快乐的时候。如果最为成熟和开明的时光是最为不快乐的时候，那对种族的进步和个人而言是多么凄凉的征兆啊。"

可以肯定，没有什么比学校时光更美好的了，免于受到父母庇佑的束缚，可以建立亲密的同学关系，并能怀着莫大的激情去寻求刺激。未来的岁月里，毫无疑问，学生们要有与他人不同的经历，但这并不意味着他们是最幸福的。事实上，如果一个人在自己头二十年里打好基础，随着岁月的推移他的生活会日益丰富。随着我们的成长，我们应该更加快乐，有两点原因：日益增长的服务能力和日渐长成的获取快乐的能力。艾略特博士曾经将教育定义为"增强服务和获取快乐的能力"。在这个层面上，教育并非止于学校时光。每年我们都要发现新的能量之源，并发掘我们自身的潜能。对此，女性要比男性更为用心，因为积极生活的男性其能量和潜能的增长有更多的内在强制成分。我们经常听到人们感叹想再次回到童年或者年轻的时候。当有人表达这种愿望时，他通常的意思就是，如果他可以带着以他逝去的青春为代价交换得来的所有智慧和能力回去的话，那他愿意再次回到孩提或年轻的时候。但再次回到童年，重新长大，其间要不断适应调整，不断犯错，遭受打击，遭同样的罪——谁愿意？事实上，如果我们真的明智，我们就不会希望能回到过去的任何时期。通常，不断召唤我们的是下一个时期，并且我们都应该相信勃朗宁的话："未来的是最好的。"未来拥有或能够拥有垄断幸福的能力。

然而这个被称之为快乐的神秘东西究竟是什么？很显然，将快乐从有些人手中拿走那是不可能的，而有些人却又

穷其一生地追求而徒劳无功。快乐的能力是我们要终生学习
并努力争取的。很明显，即便拿世界上所有的一切来愉悦某
人，通常都不能使之快乐，其原因在于没有任何真正的快乐是
不随着幸福意识而来的。如果一个人是巨额遗产的继承人。他
享受并珍惜所有的年轻、健康、爱和机遇，从头到尾都不知道
自己拥有巨额财富，跟一无所有的人就没有什么差异。可是他
照样过得快乐。所以，我们应该清醒地了解自己所有的东西的
重要性。例如，你可以想想，你很享受并喜欢你的家，但是假
如你明天就要失去它，你会发现，家所给予你的快乐你并未全
部获得。或许你还会很懊悔地回忆起曾经妒忌有些朋友的家比
你的要好，甚至为此闷闷不乐。如果那些你爱的人突然离开了
你，你是不是才会发现你对他们的了解太少了呢？一种感激
才能发现更深的了解，并将之永久地理解为善良、耐心和大
度。然后，问问你自己，是否确定你已经从你最近的祝福中衍
生出本该就属于你的快乐。

难道我们都没有或多或少地了解快乐的秘密？我们的祝福
意识，对生活的深深感激，就是快乐的源泉之一。难道我们还
不明白为什么随着年岁增长，我们越发快乐？我们的损失也许很
大——可以肯定很大——但是我们学会了欣赏我们所遗留下的。
有多少鸡毛蒜皮的事都遁于无形，有多少大事变得越发不重
要。有些事情因为微不足道被时间所掩盖，就像是因糟糕的天气
搞砸一些计划，或者——但是为什么要继续这样的列举呢？因为
随着麻烦的解决和获得快乐的能力越来越多，替代了我们曾经认
为的有钱才快乐的意识。而这才是快乐的安全基石之一。

　　不要等经历了才学会这些东西，因为其代价高昂。应该从别人的经历中吸取经验。在这个世界有许多真正的悲伤，也有许多真正的麻烦。我们应该感激那些经历过这些苦难的人，他们也可以向我们学习，而我们也许可以分担他们的一些痛苦。

　　随着岁月流逝，我们变得更加快乐是完全可能的，并且许多人已经真切体验到了。当你展望你生活的前景，除了自问如何才能找到这经过无数人寻找的、最能禁得住命运摧残的、内在快乐的道路外，还有比这更好的问题吗？

　　过分强调工作带给人快乐很难。懒人们通常都不快乐。积极地看，只要保持忙碌，找点事做，无论在何处，全身心地投入到工作中去，都会让人快乐。这工作不一定是付钱的，但必须是能够消耗你的时间和精力的。你应该这样想，通过你的努力，你在为世界增加财富。想象你在服务中所获得的极大快乐，你就不会觉得失落。工作是消除生活疾病的灵丹妙药。当极度悲伤袭来，除了有事可做外，还有其他缓解的方法吗？

　　快乐的另一来源是背负的责任。在人生早期能够感激他人的习惯那是最好的。如果有人或多或少依赖于我们，那我们是多么的幸运啊；为了他人，我们抵制自己的欲念，那是很好的事情。有小弟弟或小妹妹需要其溺爱和悉心照顾的女孩是快乐的。爱在每个人的生活中占有很大的成分。我们需要朋友，需要跟男性同伴接触。我们要给予和接受关爱。大多数人的问题是，我们想要太多，而不喜欢给予。可是，给予要比受赠更加让人愉快。

　　欲求真正的快乐，我们就要不断地增加学识。无知无趣的生活很难说是快乐的。我们要跟书本建立亲密的联系。每个人都要有能够不断探索并征服的学习方向，除此之外，还要阅读最好的文学作品。可以是音乐、艺术、科学、语言或者其他的一些东西，这些兴趣爱好可以令人获得娱乐和灵感。在阅读的时光里，每人都得到了很好的指引，相比之下，学识的停滞不前是不可原谅的。事实上，不用任何指引，有的人可以通过自学取得学识上的进步。我认识一个很忙的律师，他通过自学掌握了植物学这一学科，成为一名专业作家，并被视为该学科的权威。很多人仅仅是依靠辅助工具书就掌握了一门外语。认为当学校生活结束就意味着再也不是学生的想法是一个多么大的错误。只要是学习，任何时候都不晚。朱莉娅·沃德·豪不就是在大多数人都依偎在火炉旁的年纪开始研究希腊的吗？

我已经提到了作为快乐源泉的很多重要的事情——工作、责任、爱和知识。但我们仍然要注意以下三个层面的快乐。最底层的是单纯的快乐。快乐很大程度取决于我们所拥有的外部事物，而并非根植于内心；如果我们能够意识到，这并不是真正的快乐，说明我们的境界是智慧的。华衣、美食、豪宅，这些可以让人快乐，但是许多没有的人也很快乐。还有一些人拥有这一切，却过着不快乐的生活。聚会、球赛、各种社会娱乐；旅游、各种心血来潮的消费；这些都各有其道。这在你生活中占有很大的地位吗？虽然这些都令人向往，但并不值得将其与快乐相提并论。

意气相投的友谊和称心如意的工作更能使大多数人接近快乐。当然，这种说法并不完全，没有什么东西是人们必须依赖的。我们不难发现，有很多被剥夺了友谊和工作的人过着平静的、有意义的生活。

你也许注意到了，我所提到的快乐之源有别于有些人可以失去，而有些人则不能的那种。很难设想在某些地点、时间或者环境下我们可以被剥夺爱和服务他人的权利。我们对他人的责任和义务是随着岁月而加深的，从这点上，我们要学会衍生出越来越多的快乐。这种快乐跟我们通常所向往的快乐差十万八千里，并常常使人陷入痛苦之中。

> 我们只能得到最高的快乐——比如与某些人的观点一致——通过我们深邃的思想和对这个世界的认知，以及对我们自己的感情得到的；这种快乐通常都伴着太多苦难而来，我们从痛苦中明白，因为我们的灵魂感知是正确的。

这就是林肯的快乐，将整个多难国家的负担装在自己苦难的心中：这就是每个时代的烈士们具有的高贵责任感的快乐。

生活并没有给我们相同的快乐，如果快乐是我们存在的目标，那这就是一个不公平的世界。至少在快乐之事上，生活并不是彻底的公正。如果我们愿意，生活给予大多数人足以使生活富足美满的物质财富。即使我们没有快乐的物质基础，至少还有它的祝福。我们也可以拥有自我牺牲之快乐、为他人而活的权利、高贵的责任意识、精神成长的力量，这些是根植于我们内心发生的，任凭什么也不能夺走的。

第十八章
毕业之后

"过去的永远过去，但是未来却仍然属于自己。"一个人可能在学生时代接近尾声的时候，产生一种复杂、难以名状的感情，这是一种对逝去岁月的遗憾或对未来的渴望。有时候很难去判断这到底是一种悲伤的流露还是喜悦的表达，究竟哪一种感情是主要的呢？

校园时光飞逝，学生第一次意识到什么东西对他们来说最有价值。在校园里，他们拥有过欢乐、自由的时光，拥有过志同道合的伙伴、美好的情谊和欢呼雀跃的成就感。毕业之后，他们主要的遗憾就是当时不懂得那些日子是多么的美好。也许现在你已经明白老人们常常谈到的"太平日子"意味着什么了，这不代表它们是你生命中最美好的时光——没有人会劝你相信这一点——但是它拥有一种属于自己的特质。这种特质不属于生命的其他阶段。它们不会随着光阴的退却而远去，反而在你的心里越放越大，因为你会越来越充分地认识到，很多东西在心里挥之不去。

要是认识不到仍然要勇往直前地面对未来的生活的话，就不会有人毕业。乔治·艾略特说过：

> 大河的尽头，我们不知在何处，
> 大海的源头，我们也不知何处算起，
> 两者根本没有明显的界线。

　　这一切有点突如其来的感觉。现在，为生活做准备的日子已经结束，而一直在准备迎接的生活已近在咫尺。你好似一直待在安全的、可以遮风挡雨的港湾里。可现在你必须冲向生活的浪潮，必须成为自己生命的舵手，必须对自己人生旅行中的行为负责。你有足够的智慧去承担这样的重任吗？又有谁能呢？然而，这是成长的唯一方式。

> "天将降大任于是人也"，我们将与责任同行。
> 当职责在你耳边低吟时，
> 年轻人，你必须回答，
> 我能。

　　对所有这些不争事实的认识，会让他们产生一种严肃情绪和特殊的反应，而这些事实常常以一种猛然的力量深入到青年人的心底。一个人不会总去留心听那些发自肺腑的良言，因为生活中充满太多的诱惑，随处可见。我们有时候会忘记给年轻人忠告，并且忘记让他们按照这些忠告去实现目标。然而我了解到，一个学生在毕业这样复杂的环境下——这些环境是我曾不止一次提到过的——会产生一种坚决的、强烈的情绪，这种情绪接受诚挚而友好的建议。此时此景，这些忠告如同雨后春笋深埋泥土里，一样能植入他们的心田。这就是为什么我们寻访最有智慧的和最有启迪思想的演说家来给我们培养的人才以忠告，我们总应该对得起良心，我们所付出的巨大努力与崇高理想之间究竟还有多远的距离呢？

在每个拥有严肃思想的年轻人心里，都有一种活就要活得有价值的期望。有谁愿意成为这个纷繁嘈杂世界中的一个寄生虫呢？谁乐意让别人说成是一个无足轻重的人呢？我们的首相先生曾经说过："我们中的每个人，除非他想要成为活在世界上的废物，否则他就应该全心全意地去干自己的工作。"这难道还不能触动我们的心弦吗？

最近有个很时髦的词汇，它虽起于一个俚语，但并没有消失，反而用途很广。这就是"成功"，这个词语总会在年轻人大学毕业积极奔向新生活的时候听到。朋友们满怀期待地询问："他将来会干出一番事业吗？""她正在向着成功迈进吗？"

如果我没有说错的话，在大多数年轻人的心里或多或少都会有困惑和焦虑——唯恐自己不能"成功"，所以他们很少向他人坦白自己的焦虑，也不会向自己坦白。一个人对成为有用之才的渴望越强烈，其对自己不能承担人生职责的担心就会越多。

一个人如何才能找到梦寐以求的工作机会呢？所有部门看起来已经人满为患了，这个世界真的需要更多的工作者吗？一个人应该有与生俱来的自信，这样的人才会对自己今后取得成功深信不疑。然而胆怯会让人一事无成。相信自己是成功的第一要素。

虽然这个世界向未来的劳动者们展示了坚不可摧的一面，但令人惊奇的是，它又为一个坚韧不拔和胆气十足的人迅速地开辟了一片新天地。对于那些勤奋和愿意工作的人来说，总会有事可做的。摒弃每一个失败的念头，要相信自己和自己的能力，要相信在生命中你所扮演的角色是不可忽视的。

首先，你必须记住，在任何时候，无论我们成为什么样子，都仅仅是真实自己的开始，其实也是自我价值实现的开始。你现在看上去不再是五年前的那个你了。我们无时无刻不在改变着，从来没有停止过。你并不知道你的能力在不断提高。无论在何处，以何种方式，都要踏实地去做头脑中想到的事，并且要以狂热的激情把它做好，这正是成长坚实可靠的保证，而这种保证会为你迎来更大的机遇。

然而，在许多女性看来，发现机遇占据未来发展的优势，并非看起来的那么容易。如果人们不了解许多女性面临的问题的话，是没有人认识到，要为那些刚刚毕业不久而且具有进取精神的、有目标的追求和日益成长的生命找到合适的条件是一件多么不容易的事。将一个年轻女性毕业生与一个同样的男性毕业生相比，就能看出未来的几年他们生存环境中的差距。在大多数情况下，年轻的男性已经选择了他们一生的工作，并迫不及待向着工作目标而刻苦努力。而且也提供给他进步的机会，每一次进步都是提升。世人期待他在必要时为了选定的工作而放弃其他的东西，他的成功是众望所归的。他懂得只有在他成为自己所从事职业领域中的佼佼者时，才会获得丰厚的回报。他可以去世界上任何一个最适合实现理想的地方，尽管他可能还很年轻，然而世人支持他走出家门，实现理想。放弃一份前途光明的事业而陪在钟爱他的人身边，可以说不切实际。难道年轻人就不能塑造自己的命运吗？

所有这些都是有道理的。我没有发现世人对待年轻人的态度有什么不对。我不是说男人与女人之间没有差异，也不是说一个普通的女性应该立志追求事业就多么正确或是多么应该。我所指的是在她们成长的路上存在着一些绊脚石。那些曾经渴望成长、渴望做些有用的事情的女性，她们以后却过着失去目标、漫无目的的生活，对此种生活的例子我司空见惯！我想质问这个世界，究竟做什么才能让她们的生活充满希望。的确，当女性渴望从事某个明确的工作，而且她喜爱这份工作，并且觉得值得去做的时候，很有可能会引起一片反对之声。

并不是所有的女孩在毕业之后都面临同样的问题，面对此问题，有三种不同类型的女孩。第一种类型，女孩毕业后很满足于待在家里，不久她就会出嫁，并过上幸福的婚姻生活。这样我们就可以知道，此类女孩的问题以一种非常满意的方式得到了解决。对于这样的女孩，能给她的警告就是，在一个幸福的家庭里和自己喜爱的人在一起，虽然使自己心满意足，然而却忘了世界上有许多落魄的家庭需要她的抚慰，有许多的无家可归的人需要她抚慰。而她所能给予这个世界的首要且最美好的东西是创造一个最理想的、能够是共同分享的大家庭。记住一点，无论我们是伟大还是平庸，我们所应该做的是把我们生活的社会变得更美好。只要有不完备的法律或无法实施的法律存在，只要有恶劣的环境存在，只要社会不良风气存在，我们就应该牺牲自我服务社会，以利于公众的行为，从而证明我们具有作为这个国家良好公民的品质。一个女性如果没有职业或事业，但她却能够服务社会，与那些能够把握自己的时间却不去服务社会的人相比，这样的女性会让人刮目相看。

　　第二种女孩在我看来是那些不愿待在家里或一定要有事可做的人，但是她们渴望参与更大规模的活动。我说的不是那些家里真正需要她去打拼的女孩。她们是具有才华的女孩——为了她们的幸福或是应该得到的利益——不会懦弱地在她们需要的时候放弃属于她们的东西。世界上没有比在家里面拥有一个充满爱心和乐于助人的女儿更幸福的事了。然而，虽然在这一点上，家庭幸福指数得到了提升，但不能因此而抑制一个女孩的理想和追求。家庭应该确保她的最高福利和其他的家庭成员一样得到保障。当父母决定应该让他们的女儿受教育，她就走出了义无反顾的一步。随着她心理上的不断成熟和对人性需求的觉醒，那些曾经填满她生活的东西不再对她有影响了，这话听起来奇怪吗？那些不想在他们的女儿身上培养出新的兴趣和本事的父母，就不应该负担起教育女儿的重担。

　　我听到太多太多这样的托词，在一个旁观者看来，一个女儿对机会的渴望远比家庭对她的需要少得多。那些认为剥夺了一个年轻女性的成长或是不让她们从事所喜欢的工作的人，不应该忘却她们的未来。有多少女性在某个专门的领域或自己从事的职业中取得成绩，最后不得不为了父母完全放弃了她们青春的黄金阶段。随着时光流逝，她们将爱的重心和兴趣的重心移开，留下孤独给自己，心灵变得空虚，最后郁郁而终。看看你的周围，数一数有多少人属于这一类。在这种情况下，我经常会问自己，家庭从这个女性中得到了什么才能给付出这样巨大牺牲的女性一个合理的解释？我想知道，父母为什么敢在自己心爱的女儿身上冒这样关乎她们命运的风险？不成家的女性应该有一份固定的职业，并且让这一职业成为她幸福和成长的永恒源泉。

让我们来假设一下，你就是这样的许多年轻女子中的一员，你渴望一份能够发挥自己更大力量和作用的职业。让我们再进一步想一想，你摆脱了阻碍你实现梦想的束缚。对从事有用之事的渴求不应受压抑。生命中最伟大的精神法则的成果应该是——行动，进步和成功成为幸福生活和美满生活的核心内容。当幸福的权利被剥夺，周围的环境再美，灵魂也会产生厌倦之感。生命中最快乐的事情就是做事情的快乐。去感受一下将一个人所有的力量发挥到极致。通过发挥自己的力量去实现这样一个理想，一个为世界的公益事业而奉献的理想，所有这些将成为人类内心深处所能了解到的最深厚的满足感。喝茶、打球及其他社会活动都有各自的地位，但是你不能靠它们生活。它们不能满足你灵魂力量之源的需要。

斯坦利①教授的话时常会萦绕在我的耳边，"做你认为一生中最值得去做的事情，做你最渴望做的事情。做一个你内心

---

① 斯坦利（Arthur Penrhyn Stanley, 1815—1881），英国学者、神学家。

中有感情、有思想、有灵魂的人。"半个世纪以前，全世界强烈地反对妇女出门做事。反对之声给了最勇敢者以最沉重的打击。当一位妇女宣布她将开办一所护士培训学校，在那里，妇女们可以学习到那种让她们奉献终生的技能时，这被谴责为不守妇道，有失体面。而现在的我们，很难明白那时弗洛伦斯·南丁格尔 [①] 所遭遇的蔑视和侮辱。

　　现代的弗洛伦斯·南丁格尔却见证了一个对她展开满怀期待的怀抱并乐意为她付报酬的世界，这个世界愿意给她以荣光。今天的女性再也不会发现世人会对她们从事自己喜欢的工作心存不满的事情。由此看出，在过去的五六十年中，女性的权利及特权方面都有了长足的进步。我们现在认识到男性和女性在某些方面是有相同之处的。对于男性和女性来说，他们都渴望自我价值的实现，享受成功的喜悦，因为他们都具有人性

---

① 弗洛伦斯·南丁格尔（Florence Nightingale, 1820—1910），英国护士和统计学家，出生于意大利一个来自英国上流社会的家庭。在德国学习护理后，曾去往伦敦的医院工作。于1853年成为伦敦慈善医院的护士长。 克里米亚战争时，她极力向英国军方争取在战地开设医院，为士兵提供医疗护理。她分析过堆积如山的军事档案，指出在克里米亚战役中，英军死亡的原因是在战场外感染疾病，及在战场上受伤后缺乏适当护理而伤重而死，真正死在战场上的人反而不多。她更用了圆形图以说明这些资料。南丁格尔于1854年10月21日和38位护士到克里米亚野战医院工作，成为该院的护士长，被称为"克里米亚的天使"；南丁格尔经常在黑夜中提灯巡视病房，又被誉为"提灯女士"(The Lady with the Lamp)。由于南丁格尔的贡献，让昔日地位低微的护士，社会地位与形象都大为提高，成为崇高的象征。"南丁格尔"也成为护士精神的代名词。

的本质。

　　那么，去寻找一个好机会吧。如果你没把握去做你最确定的事情，那就去做你有把握而且能做成功的事情。先试着把事情做好，如果有可能，让它成为能获得报酬的事情。帕尔默夫人①相信每个女孩，无论富贵与贫穷，都应该拥有养活自己和他人的本事，以应对生活突变。她坚信，无论女孩现在境遇如何，最重要的是给她们在某一方面进行培训，她们可以凭借所获得的技能为社会服务，这种培训不是要把她们培养成为业余爱好者，而是真正地成为某种专业人士，这样的话，她才会得到一份有报酬的工作。

　　第三种类型的女孩，我认为是那种天天待在家里而不去考虑任何有报酬的工作的人，她们会在满足她所爱之人的需要中寻找到成功与快乐。她们曾经一度依赖父母，现在必须依靠自己了，或者大概母亲已经去世，女孩取代了母亲的特权位置。还有什么样的机会能比这样的情况更利于她们成长呢？我们不能选择自己的职责，因为生活为我们创造了职责，并且，如果我们推卸责任的话，对于我们来说，就没有幸福和成功可言。如果你将它当成逃避生活中的种种负担，而去选择快乐的生活法则的话，幸福将不会到来，你将不会体会到自己获得成功之后的满足感。

　　然而即使一个守在家里的女孩也通常会在其他工作上花费

---

① 帕尔默夫人（Mrs. Palmer），英国作家简·奥斯丁小说《理智与情感》中的人物。

些时间和力气，她就应该这样，这样做最好。她的视野会因此而变得开阔，结交到很多新朋友，并且她也会得到因承担家务而获得的成长机会。我曾经认识过许多将家庭和工作兼顾得相当成功的女孩。这些女孩在家庭生活中，努力将它变成兴趣的焦点，变成善待别人和制造良好影响的中心，在为国家的每个城市和乡村提供所需的服务中，赢得了一个极其幸运的职位。许多年轻女性根据自身情况在青年女子俱乐部里做了很有成效的工作。在女子俱乐部中、文学社团中和市政改良组织中，许多人找到了用武之地；而另外一些人在慈善事业中、医护工作中或其他形式的慈善工作中找到了满足感。

年轻女性在找到工作时，时常会惊诧于她们没有能力找到所喜爱的工作，或是她们找到了工作却无力胜任。究其原因在于，这些没有受过培训的劳动者在生活中常常处于劣势。因此对于她们来说，找一份工资少一些、职位低一些的工作相对较容易，也更加合适。这样的工作内容明确，而且无论愿不愿意都必须去做。在这样的情形下，如果一个人能够执着地、勤奋地去工作，她就一定能够成长起来。如果从事各种各样的义务劳动，其危险在于她可能对待工作不够严肃认真，很难将自己与责任紧密联系在一起。就如同在女子俱乐部中工作的人一样，任何一个接受过培训的人员，如果给她配一个志愿者作为助手，她可能会说，她很少会找义工来帮忙。如果你选择了这类的工作，即使你一周只抽出几个小时的时间，你也会发现这个工作就如同你作为一个教师、图书管理员或速记员一样值得你全身心投入，可以肯定你将会在这份工作中寻找到快乐与成功。

当你想到成千上万居无定所、为生计奔波劳碌的女性，你就会明白一个女孩能够拥有一个良好家庭是一件多么幸福的事！诚然，对于大多数女孩来说，是像自己的兄弟一样出去工作、打拼自己的事业，还是整日守在家里，这两者之间是可以选择的。对于来自富裕阶级的女性来说，她们拥有富足的生活，无须为养活自己而奔波。这直接导致了她们慵懒的双手、空虚的心灵和漫无目的的生活。一些人长了眼睛，但是他们什么也看不见。如果你属于我所提到的这类女孩的话，问问你周围的某个内心充满渴望、生活有目标的人，他将会做些什么。

能生活在 20 世纪是一件幸运的事情。这个时代的年轻人步入成年，正在奔向有史以来最繁忙的生活之中。世界对于坚强、有能力、有头脑的女性有着从未有过的强大需求。人类团结的纽带史无前例地得到了认同。

未来的女性将比过去的女性要求得更多，因为越来越多的受过高等教育的知识女性，她们会说到做到。

对于现今处于较好阶层的普通女性，最大的诱惑就是偏听那些充满诱惑力的幸福之音。我的意思并不是说快乐是错误的，快乐本身是无害的。也不是说年轻人应该失去任何本应该属于他们的快乐和幸福，因为这是生活给予世人的。但是为了那些不能提高自己能力的事情而不断地消耗时间和精力毫无意义，而这些时间和精力原本应该花在生命中最重要的事情上。

詹姆斯 ① 教授说过："现代生活中最错误的事，莫过于人们为了追求全面的满足而近乎绝望地去拼搏和奋斗。教会那些和你走在同一条生活道路的人，这并不是值得拥有的生活；它是一种内心深处的力量，这种力量是一种创造，是进步，是营造生活中的新事物，是为了过上广阔而自由的生活的力量，这种意识永远不会失败，永远不会消逝。"

---

① 詹姆斯（William James, 1842—1910），美国哲学家、心理学家。他被尊称为美国心理学之父，是"美国心灵学研究会"（1885 年成立）的主要创立者。终其一生都在探讨超个人的心理现象与超心理学，认为人的精神生活有不能以生物学概念加以解释的地方，可透过某些现象来领会某种"超越性价值"；并强调人有巨大的潜能尚待开发，人的意识只有很少一部分为人所利用。他曾参与类似禅坐的静坐活动，表示静坐是一种唤起深度意志力的方法，可以增加个人的活力与生命力。

第十九章
生活的目标

　　当束缚思想的缰绳松弛，想象感觉不到限制，一天里头脑中闪过的美丽景象真多啊！大脑仅仅一天的作品就多么奇异，多么有趣，多么有指导作用啊！多少想象的快乐，多少快乐的城堡在眼前飘过。我的读者中有多少没有想象过比鲜花盛开的夏天更灿烂美丽的日子，比画家笔下的景色更真实完美的画卷，比历史上曾经有过的建筑更漂亮的房屋，比能授予的荣誉更高贵的荣耀，比欢乐的家庭更和睦的生活？你可能称这些梦想为想象，但是，它们对于学生来说，再普通不过了。对于为了周围的世界而独自苟活的人来说，虽然他们贫穷，但还是拥有这样幸福的幻影。真正的有信仰的人们有自己的期望，那不是幻想的画卷，而是信仰发现的现实。当他们俯视时间的价值时，他们看到星星爬上天空，山峦不再高耸，峡谷反而上升，月亮载满了太阳的光辉。沙漠和干涸的地方涌出汩汩的泉水。大自然停了下来，毒蛇忘记了它的毒牙，狮子与羔羊相伴而眠，孩子的小手就放在老虎的鬃毛上。当涂炭生灵的战争和沾满鲜血的战袍被遗忘的时刻，整个世界都清晰了。群星闪烁,迎接长久的白天。这些炽热的构想可不是恶毒与卑鄙的作品。总有一天,它们会变成现实。邪恶和死神在地球上已经手挽手走过了漫长的路途,它们的脚印会长久地存在下去,就连能焚毁地球的末日的火焰也不能将它们抹掉。但是,其中一个的头已经肿大,另外一个的毒针已经被摘掉。可能他们已经咆哮得太久,于是只能戴着镣铐走路。信仰的眼睛看到了那握着铁链的手。

但是,我们仍然有着更乐观的想象。我们寻找新的天空和土地,思考并生活在正义之中。在那儿,邪恶再也无法破坏美丽,忧伤再也不能消减欢乐,焦虑再也不敢腐蚀心灵,或者,愁云再也不会爬上眉梢。我们的性格可能在某种程度上受到期望的考验。如果我们的思想和感情在时间隧道中奔跑,为离开一个星球去到另外一个星球而手舞足蹈,我们的希望便穿着天使的长袍走来,但我们的内心还停留在这儿却是一个悲哀的明证。

好人的这些希望是不是一种脆弱呢?我们是不是在不停地寻找灵魂安歇的地方呢?多年以前,一个年轻人爬上一艘捕鲸船的桅顶,坐在那儿思考。他是家里的独生子,他的母亲是个寡妇。他违背母亲的意愿,没有听从母亲的规劝,独自一个人离开了家。他祈祷着,潸然泪下。他在大海上徘徊,游荡了许多年,现在他正在回家的路上。他想着童年时的一幕幕情景,他的叛逆给他的母亲带来焦虑和担忧。他想象着再一次站在母亲的门前,他的家是否还像往常一样?树木、小溪、田野、池塘、果园,是否仍像他离开时那样?还有他的母亲,是否会敞开心扉接受他,还是正长睡不醒?她是否能认出那归来的游子，原谅他过去未在床前尽孝？是否还给予他永不熄灭的爱？他会再一次有个家，不用在陌生人中穿行吗？这些想法带来的压力太大了。一想起自己未尽孝道，他就忍不住啜泣。艰难困苦不能击垮他的精神，也不能征服他骄傲的心；但是，他思乡的心，对安定的向往，对亲子之爱的渴望，再也不愿四处飘荡的想法，将他融化。这难道不是人类的本性吗？上苍什么时候才会拭去所有的泪水，带走天下百姓的苦难，使他们感到救赎的高兴与快活呢？"我要走了，"伟大的胡克①说，"离开一个纷繁芜杂的世界、一个秩序混乱的教堂，去到另一个世界和教堂，那里到处是天使，他们站在宝座前，就在上苍指定的位置。"

在这个世界上生活的人群中，有很大一部分没有完全理解人生的真正目的，当你将人看作一个个体时，他们的目标看起来能令可鄙的虚弱满足，能败坏他们本来就低俗的品位和情欲，使他们听从自私的指挥，迷途不知往返。当你将人看作一个整体时，这样的得意和无边情欲的终点将是酝酿已久的庞大的野心，战争和杀戮，冲突和争斗，以及所有美德的消失和美好事物的毁灭。人类历史的每一页上都沾满了斑斑血迹，种族的历史也是如此，它的目标似乎是削弱他们自己的力量，使潜

---

① 胡克（Robert Hooke, 1635—1703），英国博物学家、发明家。在物理学研究方面，他提出了描述材料弹性的基本定律——胡克定律，且提出了万有引力的平方反比关系。在机械制造方面，他设计制造了真空泵、显微镜和望远镜，并将自己用显微镜观察所得写成《显微术》一书；"细胞"的英文 cell，即由他命名。

在的永恒的光辉沉落，一直沉到邪恶带来的堕落的最深处。有时，你会看到一队人马，足有五百万之多，跟随着首领浩浩荡荡地行进。他们的首领为了增加自己少得可怜的声誉不惜让他的士兵面临生命危险，让他的国家失去和平。这一大群人集结、生活、前行、拼杀、死去，只是为了帮助那个尘埃中的可怜虫得到荣誉。这里聚集的是多么有才能的人啊！这里有如此多的人参与了战斗！这里的拼杀是多么的惨烈！这许多的人中有多少在追求真正的生活的目标呢？从他们的首领，薛西斯一世①到军队后边最普通的士兵，其中有没有谁在比较永恒的真理的过程中，实现了他来到这个世界和随之而来的生活的目标了？

　　整个欧洲突然变得狂热，欧洲人潮水般涌向圣地。他们以圣体的名义聚集。十字架在他们的旗帜上迎风飘舞，邪恶的死神日夜警惕。他们向东行进，用皑皑白骨将沙漠中的细沙覆盖。但是，所有这些人中，从那些尚武的狂徒到最卑微的马夫，有多少感受到上苍那正义大爱无言的精神并受到激励？他们跟随着那个最初是士兵、后来是牧师和隐士的人，那个离开世界时仍然想着自己是先知的人、那个蛊惑人心的政客；他们付出同样的生命和金钱，试图将那救赎者的精神传播到另一个大陆，但却浪费了太多人的生命。假设这支军队是开化的、神圣的，他们的力量用于造福人类，那我们今天的世界将是多么

---

① 薛西斯一世（Xerxes，约公元前519—约公元前465），阿契美尼德王朝的国王。

的不同啊！

　　拿出一段时间，看看贪欲做出的几种努力。大约四个世纪，人类的贪欲，甚至文明人的贪欲，一直在掠夺非洲的财宝。它将哈姆的儿子和女儿变成奴隶，这注定了他们灵魂的堕落和头脑的无知。结果是什么呢？两千八百万非洲人被绑架，被带离他们生长的地方。据估计，从那时起，受奴役的人的数量增加了五倍，或者接近一亿七千万人，通过法律有计划地剥夺活生生的人的人权，使他们向着野兽的层次走去。这只是贪婪发挥其作用的一种形式。假设同样的时间和金钱，同样的努力花在非洲大陆，用来传播文明、学识和宗教艺术，现在应实现的好处该是多么多啊！

　　人是为战争而生的吗？造物主为他创造一双眼睛，是为了让他在战场上瞄准他人的吗？造物主赋予他技艺，是为了让他发明屠戮同类的方法吗？造物主在他的灵魂深处栽种了渴望，难道只有同伴的鲜血才能让它生长吗？天赋曾经坐在战神脚下，穷尽所能捧上精心准备的礼物。人类的思维只有用在屠杀场上才会付出一心一意的努力。当特洛伊的战火照亮了历史的扉页时，人类的技艺是不是最活跃、最成功的时刻？史诗是不是也燃着了？古代和现代军队在战场上相遇，都试图摧毁对方，什么样的学生会对那鲜血染红的土地一无所知呢？音乐能像引领人入战场的东西那样令人毛骨悚然吗？沙漠之鸟在勇士们头顶上空盘旋时是否优雅无比呢？几个小时的战斗很容易就能带来荣誉，有没有哪种荣誉能像它一样可以自由被授予，廉价被买到？看看那个人吧，那个不久前成为世界奇观的人，他在十二到十五年中，呼唤、率领、利用、浪费了几乎整个欧洲的所有财富——人才。在他的召唤下，那么多的人被卷进战争！如果那些人不是被迫偏离人生最伟大、最美好的目标，他们本可以为世界的文学、科学、教育、和平创造更大的财富！

一位贤明的作家在谈论这一话题时说："为了解释清楚，我愿假设野心、残忍、阴谋的组合使历史的书页沾有污点。多年来，全世界都惊叹于那些灿烂辉煌又罪恶昭彰的演员的表演。为了彰显他们的罪恶，一些表现善行的作品被呈现出来，同样辉煌，同样典型。亚历山大在波斯赢得的胜利本应该比在格拉尼卡斯和埃尔比勒还要大。他本应该在印度的国土上徘徊，像布坎南那样打扫出一个世界迎接救世主的统治，然后回到巴比伦，像马丁一样死去。凯撒本应该使高卢人和大不列颠人向宗教信仰臣服，带着他的由使徒组成的军队跨越卢比孔河，使罗马人成为自由民。他本应该成为保罗的先锋官。查理曼大帝①本应该成为又一个路德②。瑞典的卡尔十二世③本应该是又一个霍华德，从波罗的海诸国飞到尤克森，就像执行爱的使命的天使那样落下，用他的善行计数他的时日，然后像雷诺

---

① 查理曼大帝（Charlemagne，742—814），欧洲中世纪早期法兰克王国的国王。

② 路德（Martin Luther，1483—1546），德国哲学家、神学家，于16世纪初发动了德意志宗教改革，最终是全欧洲的宗教改革。

③ 卡尔十二世（Karl XII，1682—1718），瑞典在大北方战争时期的国王，终身未婚。他在位期间，因为过度从事的军事远征，导致先胜后败，输给俄国的彼得大帝，瑞典由北欧霸主衰退为二流国家。

兹那样暮年在仁爱中死去。伏尔泰本应该写一些传播信念的小册子。卢梭本应该是又一个芬乃伦①。休谟本应该解释宗教信仰中的纷繁芜杂，并像爱德华兹那样为心中的信仰辩护。"

我们总是声称不曾感受到这个世界的快乐，于是寻求高尚的道德原则和仁爱、无私的行为就成为我们的目标。但是，在大多数民众的心中，这个原则是什么呢？当政治的世界里聚集了乌云，战争威胁着一个国家的时候，预兆是怎样出现的呢？有多少人转过头去哭泣，反对罪恶、灾难、不幸、战争的悲惨？大多数人认为，通过几场嗜杀的战斗获得的荣誉足够补偿其代价，道德、生命和幸福都可以为获得荣誉做出牺牲。这让国家为了想象中的荣誉而奔赴战场。看看他们聚集起来的人吧，一群又一群，站在炎炎烈日之下，焦急、迫切。他们等待着第一场战斗的消息，这关乎着国家的荣誉。没有哪些来自地球另一部分的消息能像一艘船击沉另一艘船那样能够带来快乐与激动。

一代人在历史的舞台上表演起来，他们发现这个世界处在黑暗、无知、邪恶之中。他们用生命换取那容易采摘却少得可怜的荣誉，聚敛那些劳累和焦虑带来的钱财，然后挥霍一空。总的来说，那一代人并不期望对世界的影响，以此作为救赎。他们不愿离开这个物质的世界，更不愿建立它。

数千年来，这个世界沉睡在无知之中，或者跌落入完全的

① 芬乃伦（Mothe—Fénelon，1651—1715），法国天主教康布雷总主教、诗人和作家。寂静主义的主要倡导者之一。

黑暗。国家站了出来，向太阳、树木、金钱、岩石、爬行动物鞠躬，并崇拜它们，然后就消失了。我们长时间以后也看不到世界成为另一种样子的希望。但是，这巨大的浪费，这无法估量的损失，会长久地永远使人们悲伤、烦恼吗？世界的运转是为了赎罪和解放吗？绝不可能！一小部分信仰坚定者带来了文明的艺术、学校的灯光、不朽的影响和希望，造福地球上的人类。但是，社会上的大多数人是怎样评价这样的劳作的呢？普通的公众相信冷酷的世界会变得更好吗？大多数人自私的本性何时才能理解生活的真正目标呢？

《薛西斯一世》中记载的唯一明智的一件事是他看到自己的军队时的想法：这如此众多的人中没有一个能活到一百岁。这看起来是瞬间出现的一丝真正的光亮和感情。

著名的帕斯卡有一种想法，很值得研究，尤其适合那些认为生活是为了其他目标，却不知道生活的真正终点的人。"我们追求伟大的所有努力来自被人前呼后拥或社交的欲望，这不利于我们看清我们自己。"可能有人感觉到了那些随之而来的影响，但是却几乎没有谁意识到这就是他们如此忙碌地浪费生命追求的那些毫无价值的东西的原因。

每一位读过这几页文字的青年都期望变得有活力，有影响力，有某一值得追求的目标，并通过各种途径去追求这个目标。该目标将是以下四个之中的一个：快乐，财富，人们的称赞，名副其实的仁慈。

我们不需要任何论据来强调或展示他自己是多么的无用。他做事时总是贬低自己，使他动物本能的欲望和激情成为生活的目标，并感受其中的快乐。应该让他知道欲望永无止境，无法满足，一旦完全控制它就不会再与他作对。它使他成为奴隶，带着堕落和悲哀，连奴隶的思考和期望的自由也没有。这样堕落的人连自己都鄙夷，他们很快就会变成真正的可怜虫。没有什么比放纵自己更能扼杀人的良心：思维能力被削弱，每一次思考的努力都被杀死，其他任何一种方法都没有这么容易。如果你想一下子将你的堕落钉死，永不再现，我能告诉你应该怎样做。你若只想培养自己的欲望，豪饮那偷来的甜美的河水，偷偷进食不让食用的面包，然后，你就可以放心了，你已经选择了一条笔直的路，只是它一直通向毁灭。

对财富的追求使人堕落的程度就不那么大了，但是，他们并不适合不朽的灵魂。你追求财富的每一步都在培养自己的自私：追求财富时，你的内心可能会崇拜你所获得的，认为今天的积累能供子孙后代享用，还能持续增长，于是你更加崇拜金钱。但是，在这儿，让我对学生们说：如果你让财富成为你的人生目标，那你就选择了一条错误的道路。我们的大地上不存在这样的事情，即通过学习你不能更容易、更快捷获得财富。

但是，使你困扰最大的诱惑是生活在野心的影响下，为了人们的称赞出卖自己的时间和努力，当然还有你自己。或许，人世间没有哪条小溪中流淌的水能像人嘴中流出的"泉水"那样甘甜。但是，你还不知道，危险正围在饮用这种"泉水"的人周围，弓箭手就埋伏在附近。有如此多的事物能削弱野心带来的满足感，以至于，若没有生存的更高远、更高尚的目标，追求赞赏似乎是非常危险的。有多少人开始自己的

人生时带着高远的目标，几乎无限期待，不久之后他们便陷入
沮丧和百无聊赖之中，因为他们发现了期望之山上还有一棵更
高的树，它的果实更难采摘！但是，假设一个人已经很成功
了，他的欲望也几乎被填满了。当你走到他的近前，你会发现
一些在远处看不到的污点，那些第一眼看上去闪烁的光亮也隐
藏了起来。这些污点受到注意，被吹捧、放大、增加，直到人
们惊叹这样一个伟大的人居然生活在如此多的缺点之中。这些
恼人的东西就像小狗一样整天跟在你的脚后面，半夜也不让你
安宁。但是，这些你还都能忍受，那么当你有的缺点被公众揭
露出来，闹得尽人皆知，你还能够生活吗？有多少人把别人的
称赞看作是鼻孔里呼吸的空气，在他们的人生之晨，在他们
朝向目标的路途上，因为迈错了步子而经历希望的破灭！但
是，事实上，哪一步走错了呢？指引前进的方向盘一下子被打
碎了，但还有整体的计划，或许还有他们的心。但是，如果你
仅为掌声而活，这还不是你面前最糟糕的事情。对任何事物的
赞美根本就持续不了多久。它总是短寿的，保持一种荣誉和第
一次获得荣誉同样困难。我们说些动听的话语，谈论精明的
处事其实花不了多长时间。但要想保持住你多年辛劳换来的
声望，却同你获得它一样艰难。如果那声望不继续上升或增
加，它很快就会开始下降、衰败。你最好的行为一定要变得更
好，你最大的努力一定要变得更大，不然，你将走向衰弱。不
管怎么说，做你想做的事，并尽量做好，即使这样，还不一
定能满足你的预期。有个人写了一本书，那是他的第一次尝
试，当时并没有任何预期。但书卖得很好，甚至有人喝彩。于

是他又写了一本。现在，人们已经不用他以前的作品去衡量他了，而是用目前公众的观点来衡量他。公众对另外一位作者的接受可能就是对他的毁灭。如果你只为同胞的掌声而生活，那你当然必须付出这一切的代价。对野心的追求带来的是一系列的嫉妒的忧虑、侵蚀心灵的恐惧和痛苦的失望。

那些为别人的好评而活着的人，周围还有其他恼人的和令人失望的事情相伴。在它们到来之前没有人知道它们是什么样子，但是一旦它们来到，就会令人极度烦恼。那种追求名誉的欲望驱动着你，使你变得狂热，这种欲望还不停地变化，变得越来越强烈。同你追求掌声和好评的欲望相称的是掌声戛然而止时你深深的痛苦的耻辱。如果赞美使你高兴，让你兴奋，那么禁止对你的称赞会同比例使你的精神堕落，摧毁你舒适的生活。这样，你就成了人们中间传来传去的一个球，他们想往哪里扔就往哪里扔，而且每个人都有这样的权利。如果愿意的话，每个人都能夺走你内心的平静，而且同付出掌声相比，人们更容易受到诱惑而给予你责备。一个有野心却神情沮丧的人是悲惨的，不是因为他的损失很大，而是因为多年来他的想象已经使他的野心在他自己眼中看起来很伟大。我可以指出一个很有前途的人的坟墓给你看，他一生只为荣誉而活。映入他眼帘的第一个清晰的目标是要得到一个政府要职。为了这个目标，他夜以继日辛勤地工作。他在各个方面都很有才华；但是，在他即将成功的时候，他的一个最亲密的朋友感觉到这样的任命将会妨碍他实现自己野心勃勃的计划，于是，他插手进来，阻止了该项提名。那个可怜的人回到家，心烦意乱，沮丧至极。那次选举的失败当然还不是最严重的后果，但他不停地考虑这件事，直到它在他眼中变成巨大的难以收拾的后果。这次打击使他一蹶不振，几个月后，他走进了坟墓，成为挫折的牺牲品。这样的追求值得一个人以自己的生命作为代价吗？难道这就是人生的最高目标吗？

"不朽的灵魂在面对伟大的事物时，一定要永远地举起对凡人的称赞，或对上苍的赞美。"

你需要带着一种目的行事，一种能时刻给予你指导、任何时候不会离开你，还能吸引你整个灵魂的目的。在这样一种目的引导下，你将能顺利地实现生活的伟大目标。

在这儿，你很自然会问，"有一个不断为面前的上帝的光辉做事的高标准是否可行？"我的回答是，"当然可行，这毫无疑问。"

德摩斯梯尼是一个有野心的年轻人。人们认为他没有什么原则，但是他将自己的目光停留在名誉上，停留在只用口才就可以控制的大众的掌声上。他所注视的目标很高，而且他的目光从未离开过一刻。大自然摆在他面前的困难被战胜。为了寻找声望，他付出了自己的心灵、自己的灵魂。他爬上了一座小山，在那儿，几乎所有的一切都在下滑。他的崇拜者西塞罗告诉我们，他的面前总是有一个关于卓越的标准，广阔无垠，无法测量。他决定站在德摩斯梯尼一边。他辛勤地劳作，艰难前行，终于获得了胜利；或许，他登上了荣誉的山顶，站得和他的老师一样高。我们经常谈论那些白手起家、受人尊敬、能建功立业的人。是什么使他们伟大？是什么使波拿巴成为地球上的一种恐怖？起码，他将自己的目光落在统治欧洲上，他向那个目标跑去。如果没有天堂里万能的力量使那强壮的人受到拖累，他就有可能实现他的目标。他使自己成为自己的偶像，并一定要让整个世界向他臣服。

每个人的心中都有一个目标，这个目标和他的本性相一致。你是否怀疑自己拥有上苍所赋予你的力量，并使用这力量将上苍的光辉变成你人生中的北极星？你是否会为它而生活并实现它？你是否会在行事时上升到一个较高的层次，从而变得强壮？你是否会在个人的信仰方面变得高远、明亮，并深深刻在自己的心上？

"我应该让自己的心去追寻世界上的财富和宝藏吗？"不，死神将很快降临，紧紧地抓住你，紧得让你不得不放弃你的财富。你面对眼前的财富深深叹息，很快你就得闭上眼睛，再也看不到那被称为财宝的东西了。记住：一夜暴富的人绝不是清清白白的。你可曾想过，你赚取多少财富才会使自己满足？你那短短的生命的时光，会令那带着无止境的欲望的灵魂欢呼吗？答案是否定的。

问问理智。"我应该一心只想着荣誉吗？我应该寻求其他人的关注吗？让他们关注我所做出的这样或那样的努力吗？"你的辛苦努力换来的报酬将少得可怜！如果你成功地吸引了人们的眼球，他们将嫉妒你；如果你没有吸引他们，你将痛苦、失望。时间的海滩上没有一座房子能经得起海浪的冲刷而永远挺立；在这儿，没有一条路上不留下失望的足迹，没有一处圣殿不被悲伤侵扰。世间确实有一处为灵魂提供的家，只有遵循上苍的指引才能找到它。

再同你的良心商讨一下。它认为什么才是生活的伟大目标呢？听听它那发自你内心的声音吧！它告诉你，世界上只有一条纯洁的溪流，只有一个目标是高贵的，配得上永恒的精神，那就是得到苍生的偏爱和友谊；这样，灵魂就能张开它的翅膀，就连在坟墓上方飞翔时也不会感到恐惧、沮丧，还不会受到谴责。在人世间走过时，只有一条路是安全的、明亮的、光荣的，那就是为天下百姓谋福祉的路，一直通向辉煌。你若受到诱惑浪费一天或一小时，或者犯下任何一种罪过，忽视了任何一种职责，让良心站出来说话吧，它将用所有永恒的高尚、神圣的动机催促你为苍生而生活，在你所做的事情中寻找其中的高尚品德。

我们很自然地喜欢让我们的灵魂充实的事物。我们盯着那永恒的高山之巅，它巍峨、雄壮，充满了我们的灵魂，于是我们感到快乐；我们注视大海，看那波涛翻滚，听那嘶哑的声音，回应着笼罩海面上暴风雨的幽灵。于是，我们感到敬畏，一种庄严的情感在心中油然而生。欲望也是如此。心中充满一种伟大、高贵的目的时，我们会感到一种不可言状的愉快。那种目的能合情合理地吸引心中的所有情感，点燃灵魂中的每一个渴望。谁曾经建立起过完美的、能满足灵魂所有欲望的房子？当财富和名望成为所追求的全部目标时，谁曾经拥有过足够的财富和名望呢？在这里的庆贺又曾使谁熄灭了欲望的火焰？谁曾经让世俗的目标占据整个内心，在追求目标的过程中，片刻不得安宁？但当为苍生福祉的光辉理想充满了灵魂，目光落在人生的伟大目标上时就不是这样了。你的灵魂离它渴望的目标越来越近时，你将感觉不到羡慕、嫉妒、沮丧。拥有欲望使人期望更多，于是欲望不断增长，由此看来，罪恶和天赋之间没有任何关系。

谁能不或多或少地感觉到邪恶的负担呢？让苍生福祉成为你生活的目标吧，然后你就不会像现在这样糟蹋自己的生活了。当灵魂一定要将某些东西强加于现在的满足感时，生活的言语总因忧虑而哽咽，被野心关在门外，受到嘲笑。当你的心中盛装着这个世界，并为由此带来的奖赏而生活的时候，你的情绪就能够完全掌握你，程度超过任何时候。在一天结束的时候，你是否为这一天中的败笔而扼腕痛惜？试图祈祷时，你是否为自己那冷酷无情、充满恐惧的内心感到惋惜？你是否为你和生活的阳光之间那滚滚而来的乌云感到悲哀？让你的内心充满美好，将邪恶拒之门外吧！

你需要一种原则，引导你走向积极和幸福。你的理智和良心可能会决定你应该为了人类的福祉而生活。有时候，你可能被唤醒，但是，那唤醒你的力量却并不是始终如一、稳定不变的。你需要一种原则，使你活到老，学到老。你的生命短暂，一生中的时日有限。每一次太阳升起和落下，就会有许许多多的人走向死亡，走向永恒。很快就会轮到你。你很快就会知道，你是否应该永远佩戴王冠，还是应该永远披着羞耻和轻蔑的外衣——很快就会知道，那王冠有多么明亮，或者那绝望有多么深切。永恒世界的一切酬报将很快向你涌来，于是，你需要一个原则在你心中长久存在，使你有责任感，积极、勤

勉、克己，能够扩大自己的影响，使你的性格更加刚强，你的
生活充满希望。

　　出于各种理由，你希望看到自己努力的结果；但是，在你
策划的所有事情中，你却不能实现所有计划。你可能下定决心
要变得富有，但死的时候却仍然是个穷光蛋。你可能向往优秀
与卓越，却一直没有达到。你可能为快乐而叹息，但是，盛装
快乐的每一个杯子都可能被打碎，每一个希望都可能离你而
去。你身边的一切都可能抛弃你，躲避你的控制。如果你与苍
生百姓一起生活，情况就不一样了。你可以在苍生中贮存财
富，一天天积累，而且这些财富永远都不会背叛你。然后，你
所供养的穷人，你所探望的病患，你所庇护的陌生人，你所宽
慰的苦命人，都会聚集在你周围，欢呼着称你为他们的恩人。

　　你应该按照良心认可的那些原则行事，不管什么时候、
什么情况都应如此。你是否知道，在一天结束之时，坐下沉
思，让某些东西关注着你的灵魂，让一片云彩停留在你和那慈
悲的宝座之间，会是什么样子？你是否知道，当夜晚时分，你
躺下回顾逝去的那一天，甚至几天，还找不到记忆中可圈可点
的快乐和欢愉，将是什么样子？你是否知道，当钟声敲打着
驱走夜晚时，你头枕枕头，感受着良心的惩罚，内心阵阵痛
楚，会是什么样子？你之所以考虑这些，是因为你的良心在坚
守岗位并对灵魂负责。你难道不是这样时不时地同自己的内心
交流吗？但是，如果你内心平静、与世无争，即使你处在最艰
难的时刻，你的良心仍能抚慰你，使你感到舒适，给你的灵魂
带来希望。没有哪个朋友能提供平静的存放良心的空间。人们

愿意付出他们的财产和时间去苦修，甚至付出生命的代价使良心得到抚慰。路德的名字永远不会消失，凯里、布雷纳德、佩森的名字也不会；成千上万邪恶的人活着时拥有同样的或更多的影响力，死后却被人们永远地遗忘。但是，你一定希望得到来自天堂的赞许。尽管天使的数目多得数不清，他们的声音也多得数不清，尽管他们享受着完美的知识、完美的神圣、完美的天堂之乐，他们还是乘着云彩见证了你的人生之旅。他们俯身细看你奔向天国的那条小路。如果得到了所有朋友的称赞和许可，谁会不受到鼓舞呢？但是，你能得到好得多的东西。你能得到所有被救赎者的赞许；这是永远的，而不是短短的一个小时、一天、一周或一年！

亲爱的年轻朋友，我现在要对你说，为了你，也为了这个需要你的影响力，你的最高尚、最圣洁而努力为之奋斗的世界，其他人可能会谈论慈爱和善行，但是，除了那些思想开化、心中不断追求真理的人，还有谁能将自己的心思和精力用于拯救这个世界呢？到底是谁建造了第一家小有名气的医院？谁表达了为整个社区成立免费学校的想法？谁将文明引进，并在荒蛮社会中传播？谁打破了身体和思想上的枷锁，为人类创造了公民自由？谁曾经付出朝气蓬勃的、系统的、坚持不懈的努力来传播对自由的探索，给无知者以指导，令思维活跃，提升全人类的智力水平和道德品质？他们便是开明的进步的人。他们心中只有全人类的福祉。在我们国家的年轻人当中，在那些处在培养个人修养、进行自我约束进程中的人们中间，我们在寻找这样一些具备某种精神的人，将这种精神和理想带到其他的国家，为全人类带来好处。那么，我们学校中的青年，受过良好教育的你们将是背负使命的这群精英。

可能每次当思维看起来筋疲力尽，你都自告奋勇地帮助缓和事态，这样一个几英里长的伤疤可能变小、消失。于是，时间与空间的概念被打破，以至于一个横跨大洲的旅行只需要短短的一个星期，就像一次愉快的远足。大自然似乎向苦难屈服，风雨、潮汐、高山、峡谷根本就不再是人类前行途中的障碍。你每次冒险做那些你认为是很值的事情时，是你的朋友给你鼓劲，举起你那垂落的双手，鼓舞你那下降的士气，分担你的重负，为你的成功欣喜。你的面前是以往的历史和经历，你的脚下躺着的人恰好就是追求荣誉、光辉和永恒的例证，当然，也是死亡的例证。个体和国家的品性走向成熟，变得伟大。做自己应该做的事情。

继续前行吧，我亲爱的青年朋友们！奋勇前行吧！让你的力量、你的一切能力、你的精力、你的心灵等所有的东西在你当下的日子明亮又辉煌；等待你的田野广阔又充满生机；与你同行的伙伴全副武装且强壮无比；美丽的山峦将是你的双脚，不管到了哪里，它们都传送着慈悲的信息。世界的状况就是这样，很大程度上取决于人们的行为，好像周围的一切在对每一个人大声地说，"做事情！""做事情！""做事情啊！"让你的心灵为此孜孜不倦地努力吧！